어려운 우쿨렐레를 내가 자꾸 해냅니다

편곡 이감독

score

목차

Always
윤미래 노래 (개미, 지훈/로코베리)

드라마 '태양의 후예' OST

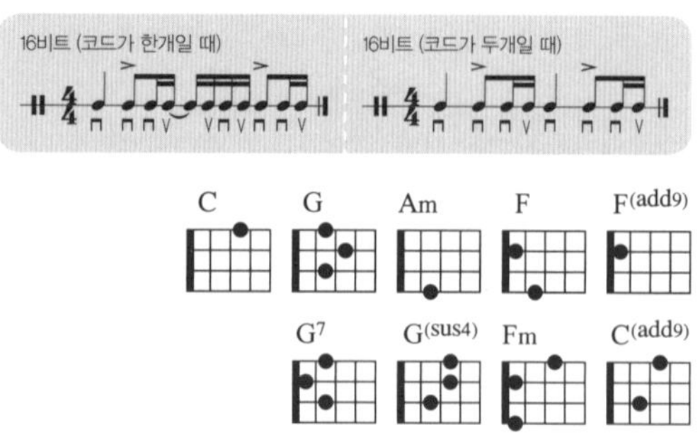

NO COPY

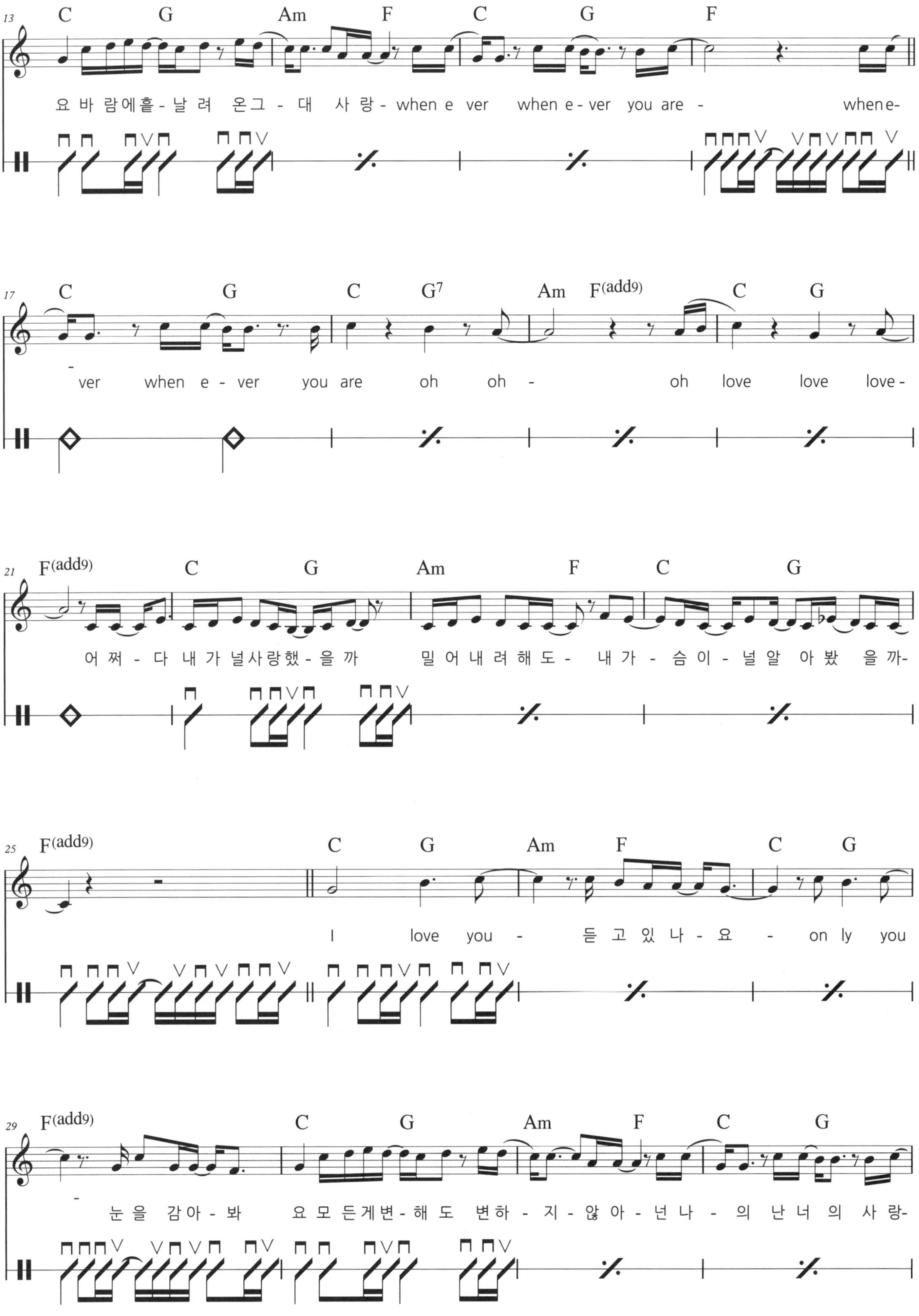

C G Am F C G F
요바람에흘-날려 온그-대 사랑- when e ver   when e-ver you are -   when e-

C G C G7 Am F(add9) C G
-ver when e-ver you are oh oh -   oh love love love-

F(add9) C G Am F C G
어쩌-다 내가 널사랑했-을까   밀어내려해도- 내가-슴이-널알 아봤 을까-

F(add9) C G Am F C G
I love you -   듣고있나요- on ly you

F(add9) C G Am F C G
눈을 감아-봐 요모든게변-해도 변하-지-않아-넌 나-의 난너 의 사랑-

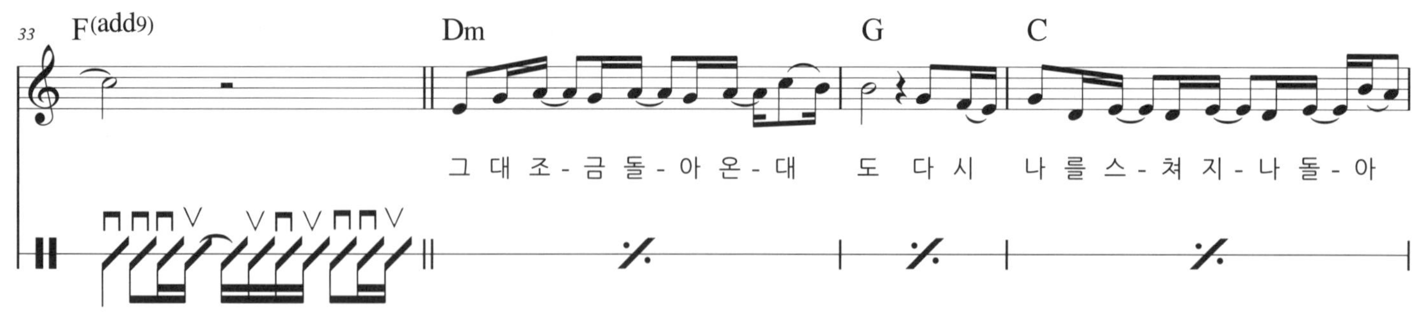
33 F(add9)　Dm　G　C
그대조-금돌-아온-대 도 다시 나를스-쳐지-나돌-아

37 F(add9)　Dm　G(sus4)　G　G
도 괜찮아-요 그댈위-해내-가여-기있 - 을게-

41 C　G　Am　F　C　G　F(add9)
I love you - 잊지말아-요 - on ly you - 내눈물의고

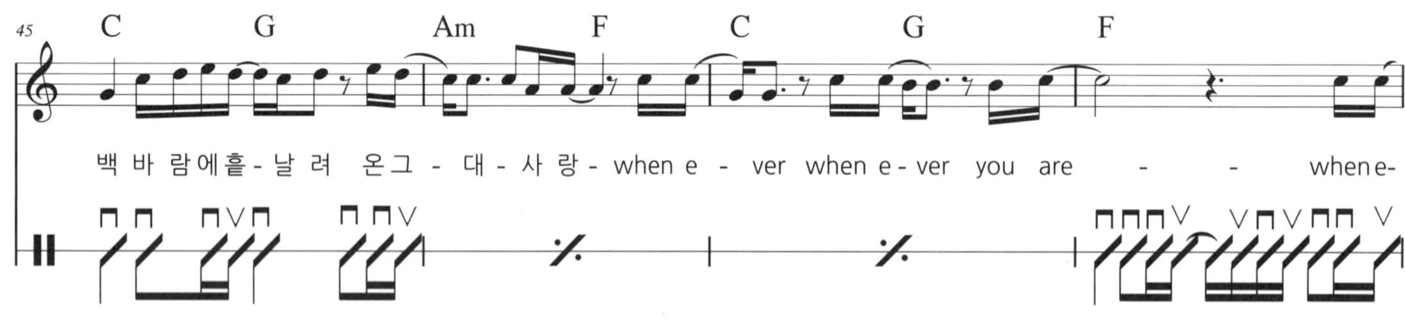
45 C　G　Am　F　C　G　F
백바람에흩-날려 온그-대-사랑-when e - ver when e - ver you are - - when e-

49 C　G　F　Fm　C(add9)
ver when e - ver you are

# How Can I Love You
XIA(시아) 노래 (개미/개미)

드라마 '태양의 후예' OST

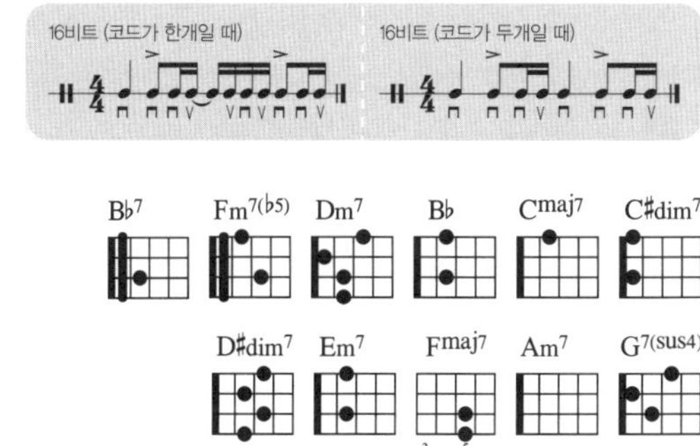

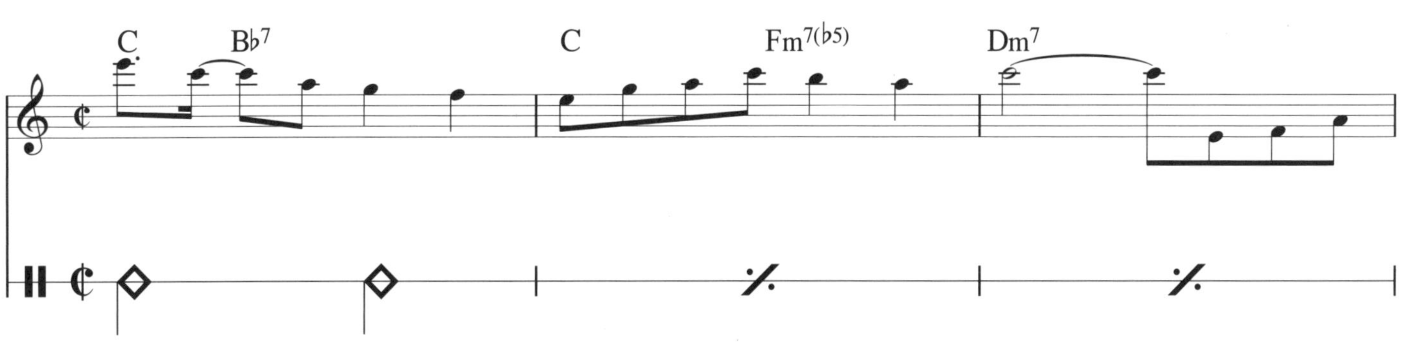

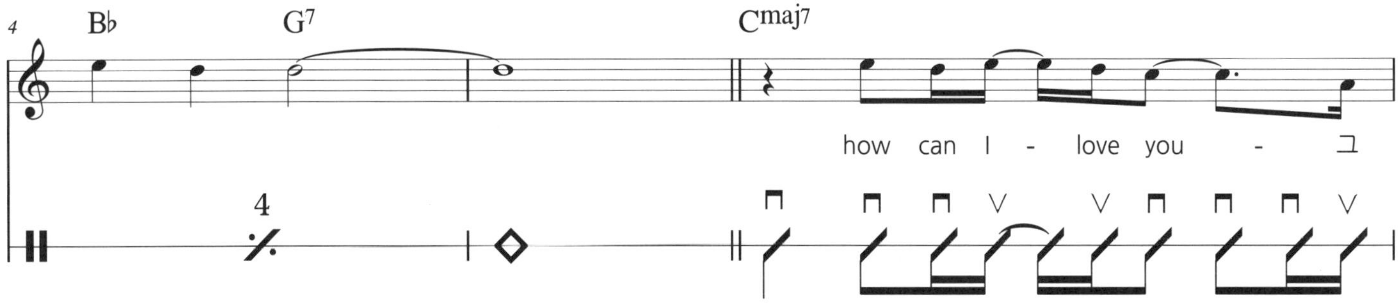

10
Fmaj7   C D#dim7   Dm7
3
내 맘이 그대 맘 - 담을 - 수 있게   길을 열 - 어줄 수

13
G   Cmaj7   D#dim7
있나요 -
how can I - stan with you 이 미 시 작 - 된 걸 -
how can I - stan with you 눈 을 감 아 - 봐 요 -
4

16
Dm7   Em7   C#dim7   Fmaj7
나 는 멈 - 출 수 가 없 는 데 -
내 가 그 - 대 곁 에 있 어 요 -   눈 을 떠 - 보 면   온
그 대 두 - 볼 에   내

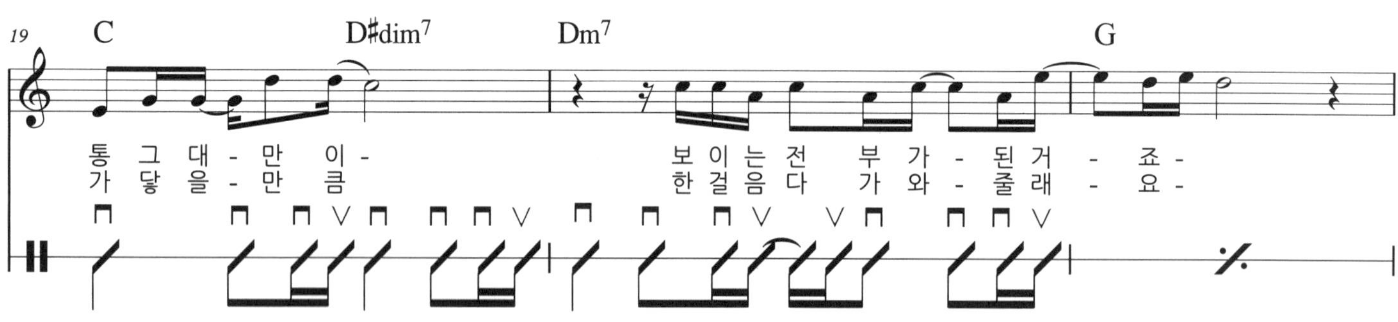
19
C   D#dim7   Dm7   G
통 그 대 - 만 이 -   보 이 는 전 부 가 - 된 거 - 죠 -
가 닿 을 - 만 큼   한 걸 음 다 가 와 - 줄 래 - 요 -

22
F   G7   C   Em7
oh - love   every - day I'll give you all - of - my - love ohh -   내 겐 처 -
oh - love

Am7 F G7 C
음인 - 사랑 - 무슨말로 - 표현 - 을할 - 까 every day I'll give you - all - of - my heart ooh

Em7 F Fm
- 그댈위 - 해준 - 비한 - 그말 - 자신있게 - 말할 - 수있 - 어
4

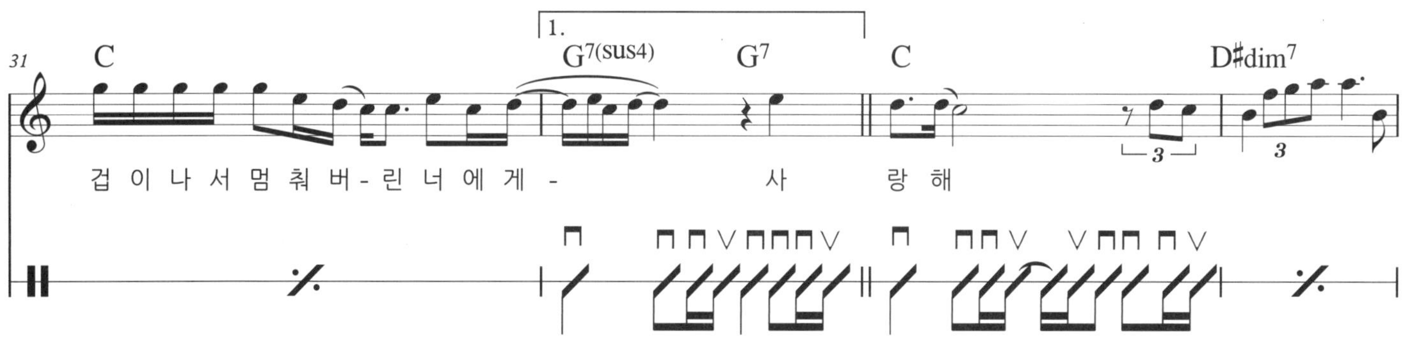
C 1. G7(sus4) G7 C D#dim7
겁이나서멈춰버 - 린너에게 - 사 랑해
3 3

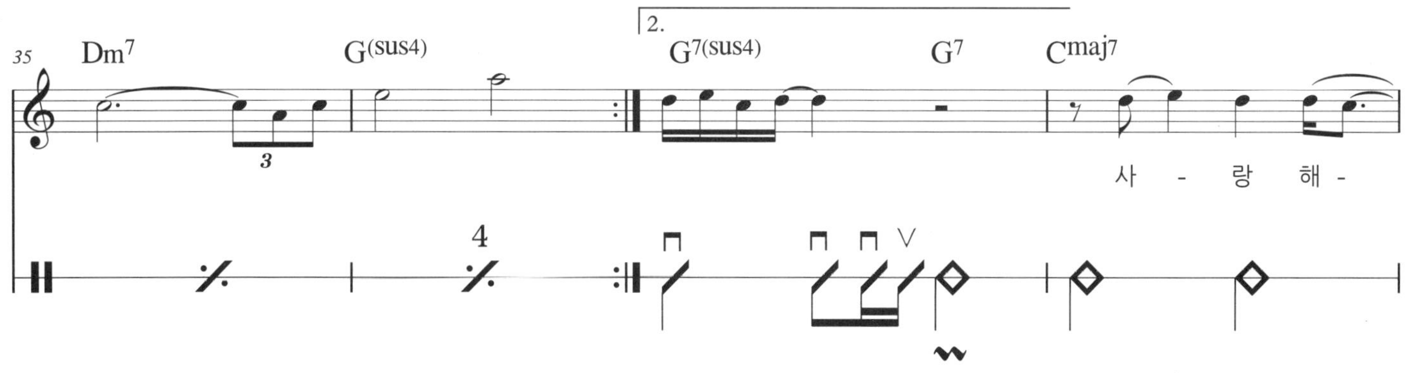
Dm7 G(sus4) 2. G7(sus4) G7 Cmaj7
사 - 랑 해 -
3 4

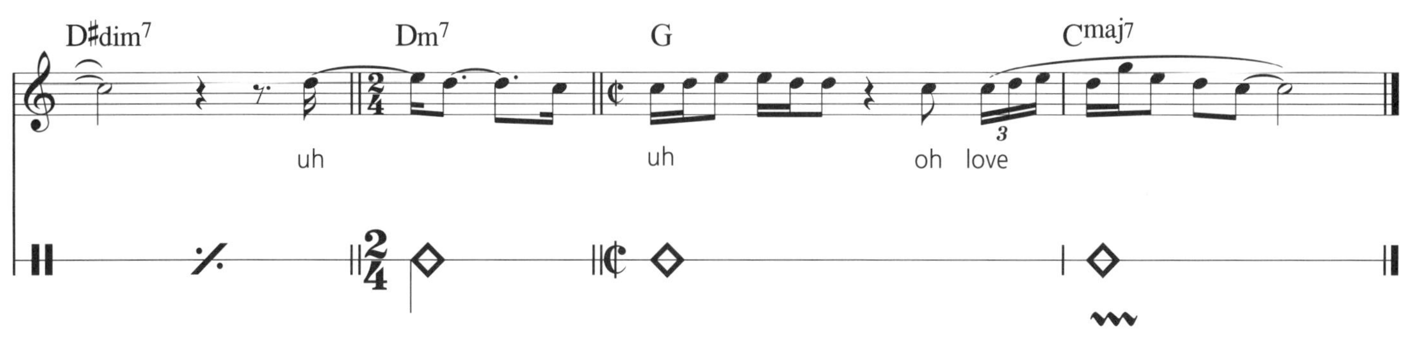
D#dim7 Dm7 G Cmaj7
uh uh oh love
2/4 3

NO COPY

Everytime

첸, 펀치 노래 (개미,지훈/로코베리)
드라마 '태양의 후예' OST

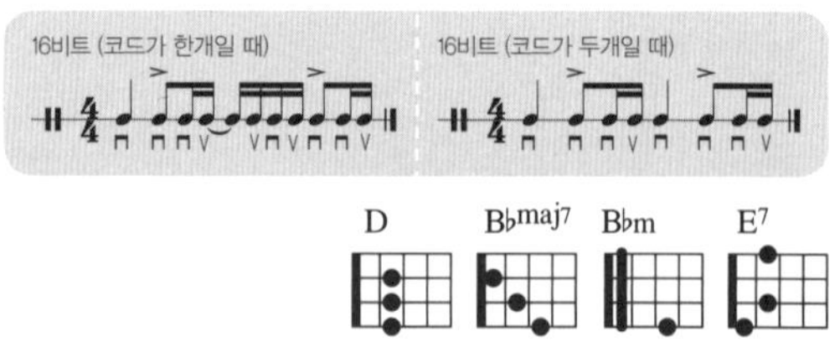

16비트 (코드가 한개일 때)
16비트 (코드가 두개일 때)
D   Bbmaj7   Bbm   E7

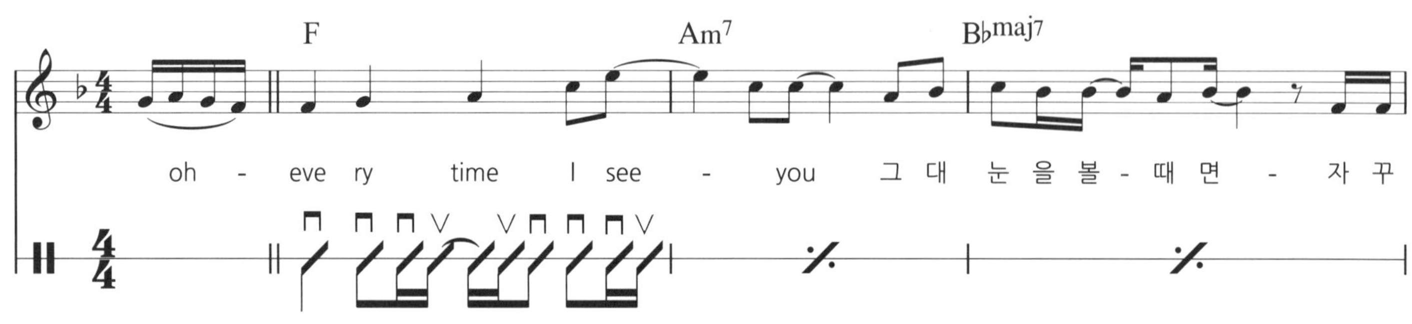

F
Am7
Bbmaj7
oh - eve ry time I see - you 그 대 눈을 볼 - 때 면 - 자 꾸

Bbm
F
Am7
Bbmaj7
가 슴 이 또 설 레 여 와 - 내 운 명 이 - 죠 - 세 상 끝 이 - 라 도 - 지 켜

C
주 고 싶 - 은 단 - 한 사 람 - - - ba by oh oh oh oh -

Em7
F
Fm
oh oh oh oh - ba by oh oh oh oh - - - woh -

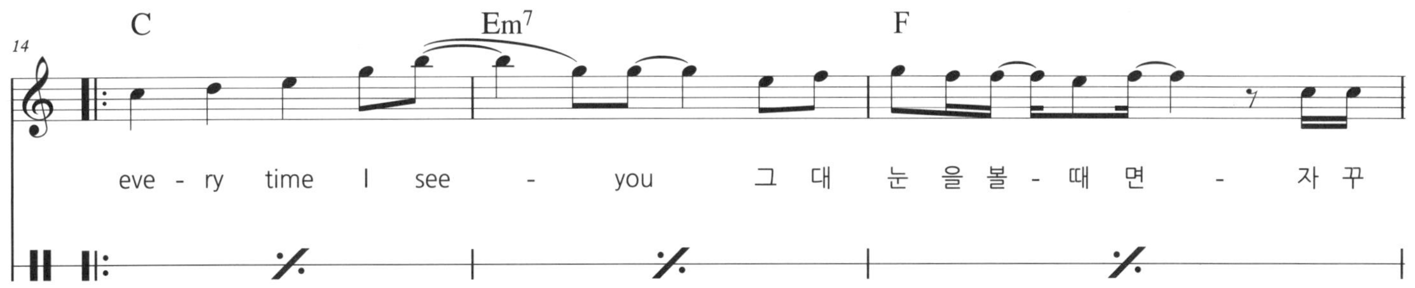

C   Em7   F
eve - ry time I see - you 그 대 눈을볼 - 때면 - 자꾸

Fm   C   Em7
가 슴이 - 또설 - 레여와 - 내 운 명이 - - 죠 - 세 상

F   Fm   1. F   G
끝 이 - 라도 - 지 켜 주 고 싶 - 은 단 - 한 사람 -

C   Em7   F
그 대 나를바 라 볼때 - 나를보며미 소 질때 - 난 - 심

Fm   C   Em7
장 이멈 - 출것 - 같아 요난 - 그 댄 어 떤 가 요 - 난 정 말 감 당 하 - 기

F   Fm   Am7
힘 든 걸 - - 온 종 일 그 - 대 생 - 각 해 - 조 금 멀 리 우 - 리

Em7   F   G
돌 아 왔 - 지 만 - 지 금 이 라 도 난 괜 찮 아 - - woh -

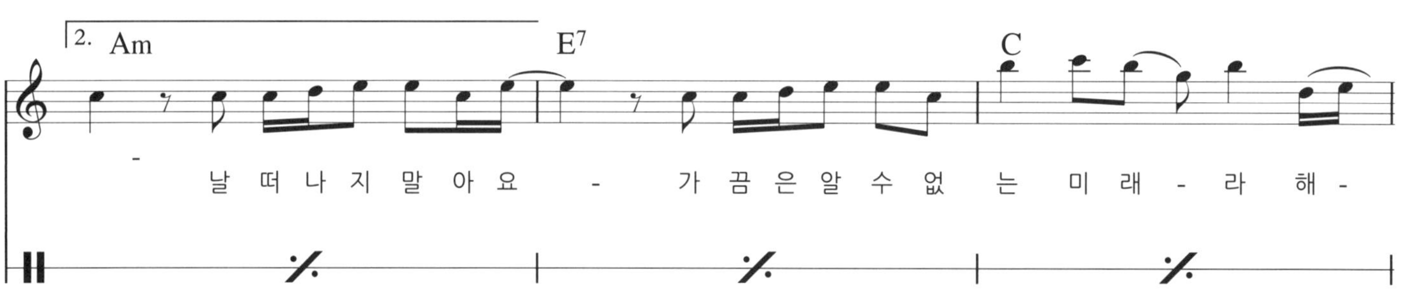
2. Am   E7   C
- 날 떠 나 지 말 아 요 - 가 끔 은 알 수 없 는 미 래 - 라 해 -

D   F   G(sus4)
도 - - - 날 믿 고 기 다 려 줄 래 요 - - -

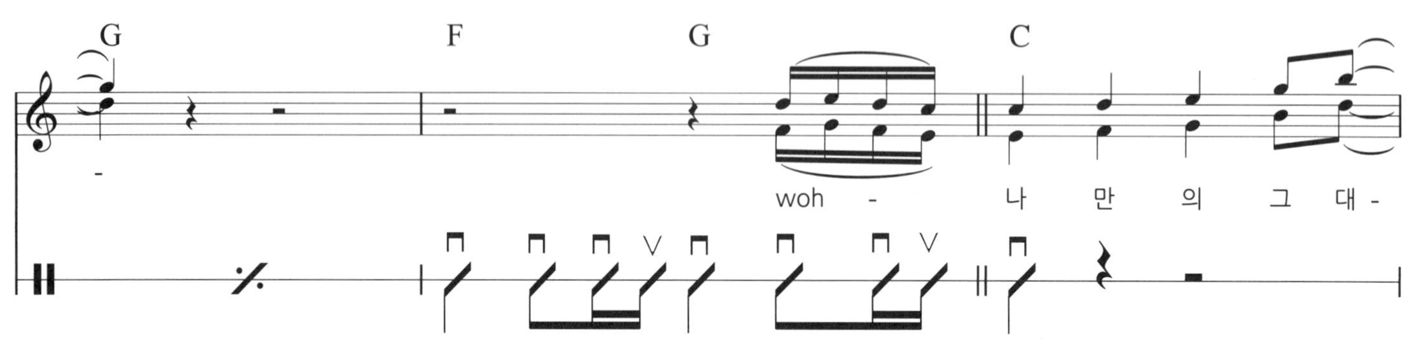
G   F   G   C
woh - 나 만 의 그 대 -

Em7   F   Fm
여 - 내겐 전부라 - 는말 - 고 백한적 - 이 있 - 었나 -

C   Em7   F
내 운 명이 - - 죠 - 세상 끝 이 - 라 도 - - 지 켜

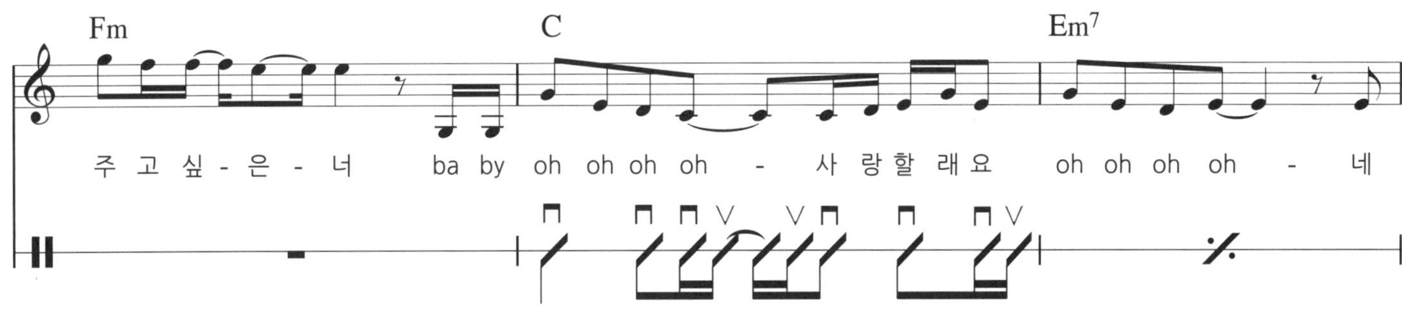
Fm   C   Em7
주 고 싶 - 은 - 너 ba by oh oh oh oh - 사 랑 할 래 요 oh oh oh oh - 네

F   Fm   C
눈 빛 과 네 미 소 와 - 그 향 기 까 - 지 도 - ba by oh oh oh oh - 기 억 해 줘 요

Em7   F   Fm   C
oh oh oh oh - 언 제 나 우 - 리 함 - 께 있 음 을 - - I - love you

High High

김태우 노래 (신우철,한성호/한승훈)

드라마 '신사의 품격' OST

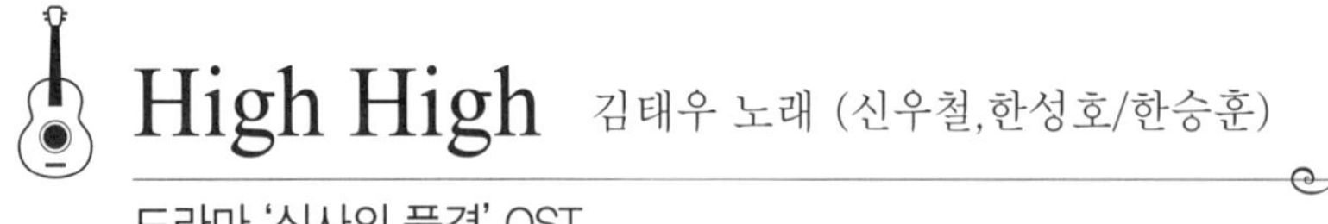

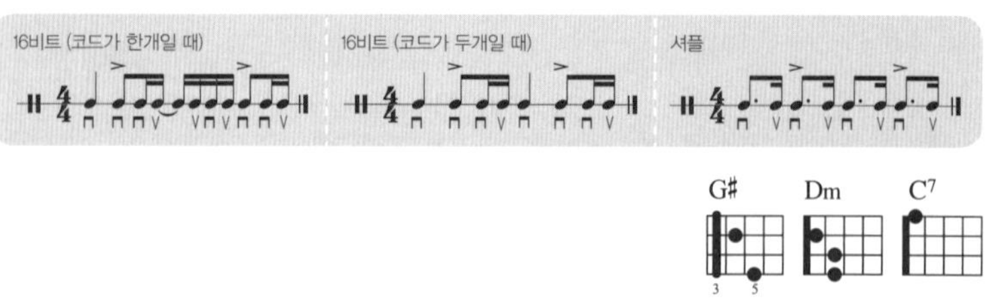

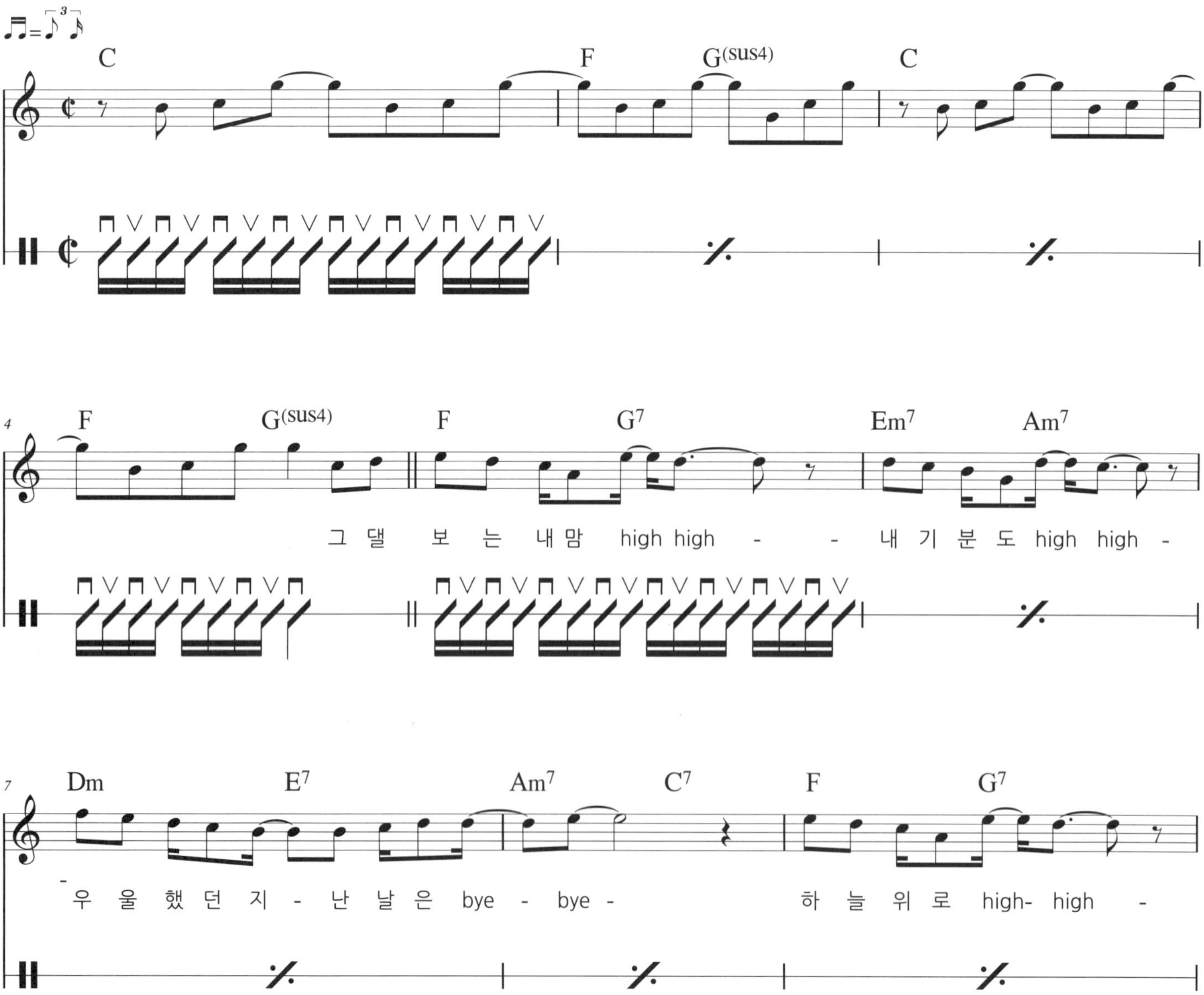

E7 Am7 Dm C F C
나의사랑 high high - 이제부터 우리둘만서로사랑해요 -

C F G C F G
그댈처음본순간 - 난난난 - 한순간모든게 - 변했죠 -

C F G C F G
그대의미소를 - 난난난 - - 온종일지울수 - 없네요 -

F G Em7 Am7 F G C
미쳤나봐요 - 눈치도없이 - 가슴뛰고숨 - 이막혀와 - 요 -
변했나봐요 - 세상모두다 - 아름답고행 - 복하게보 - 여 -

F G Em7 Am7 F Fm
그대얼굴만 - 떠오르네요 - 분명이건사 - 랑신호죠 - 그댈
눈을감아도 - 꿈속에서도 - 오직그댈사 - 랑하니까 -

30
F   G7   Em   Am7   Dm   E7
보 는 내 맘 high high - - 내 기 분 도 high high - 우 울 했 던 지 - 난 날 은 bye

33
Am7   C7   F   G7   Em7   Am7   Dm   C
- bye - 하 늘 위 로 high high - 나 의 사 랑 high high - 이 제 부 터

1.
37
F   C G Am G# G(sus4)   2. F
우 리 둘 만 서 로 사 랑 해 요   행 복 하 길 서 로 기 도 해 요 -

41
F   G   Em7   Am7   Dm   E7   Am7   C7
나 기 도 해 요 우 리 둘 만 을 위 해 - 서 - 후 -

45
F   G   Em7   Am7   Dm   C   F
스 톱 뚜 루 루 둡 - 둡 - 스 톱 뚜 루 루 룹 - 둡 둡 - I will ne-ver make you feel so lone ly - 그 댈

F   G7   Em7   Am7   Dm   E7
보 는 내 맘 high- high - 내 기 분 도 high high - 우 울 했 던 지 - 난 날 은 bye

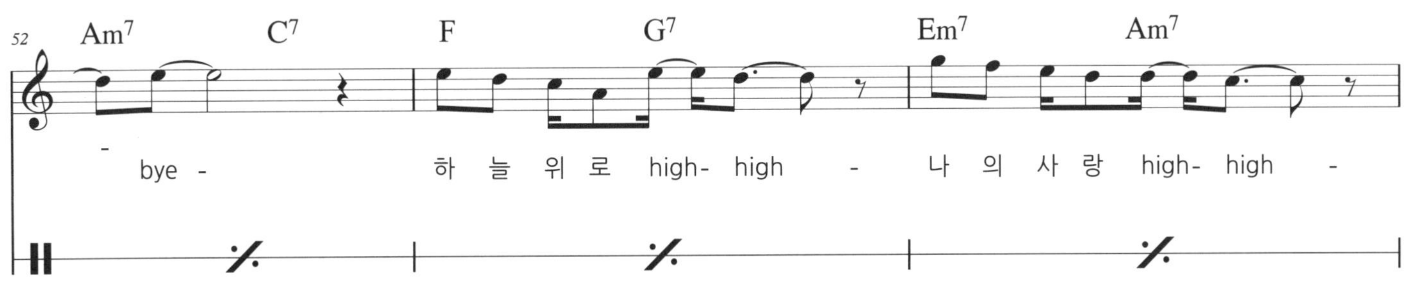
Am7   C7   F   G7   Em7   Am7
- bye - 하 늘 위 로 high- high - 나 의 사 랑 high- high -

Dm   C   F   F   G7
- 이 제 부 터 우 리 둘 만 서 로 사 랑 해 요 사 랑 해 요 hi - hi -

Em7   Am7   Dm   E7   Am7 C7 F   G7
고 마 워 요 hi-hi - 아 파 했 던 기 - 억 들 은 bye - bye 웃 어 봐 요 high high -

Em7   Am7   Dm   C   F   C
- 눈 을 봐 요 high high - 이 제 부 터 행 복 하 길 서 로 기 도 해 요 -

With You
린 노래 (린,개미/개미)

드라마 '태양의 후예' OST

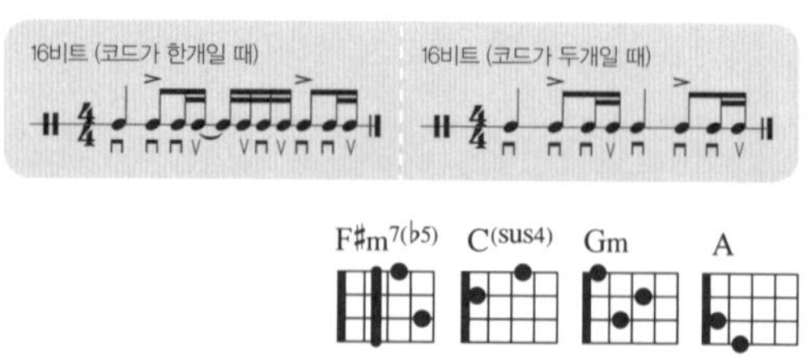

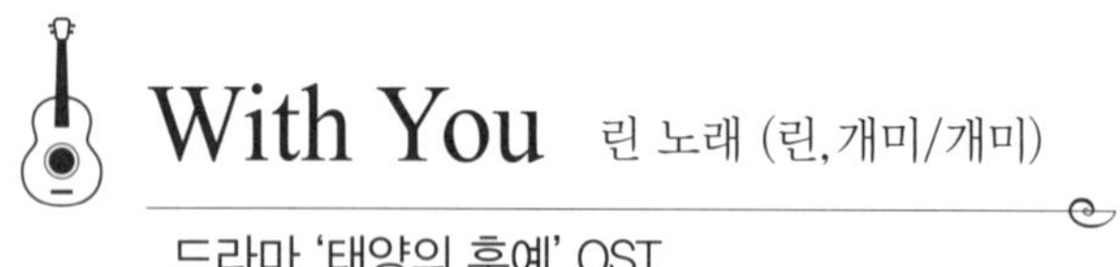

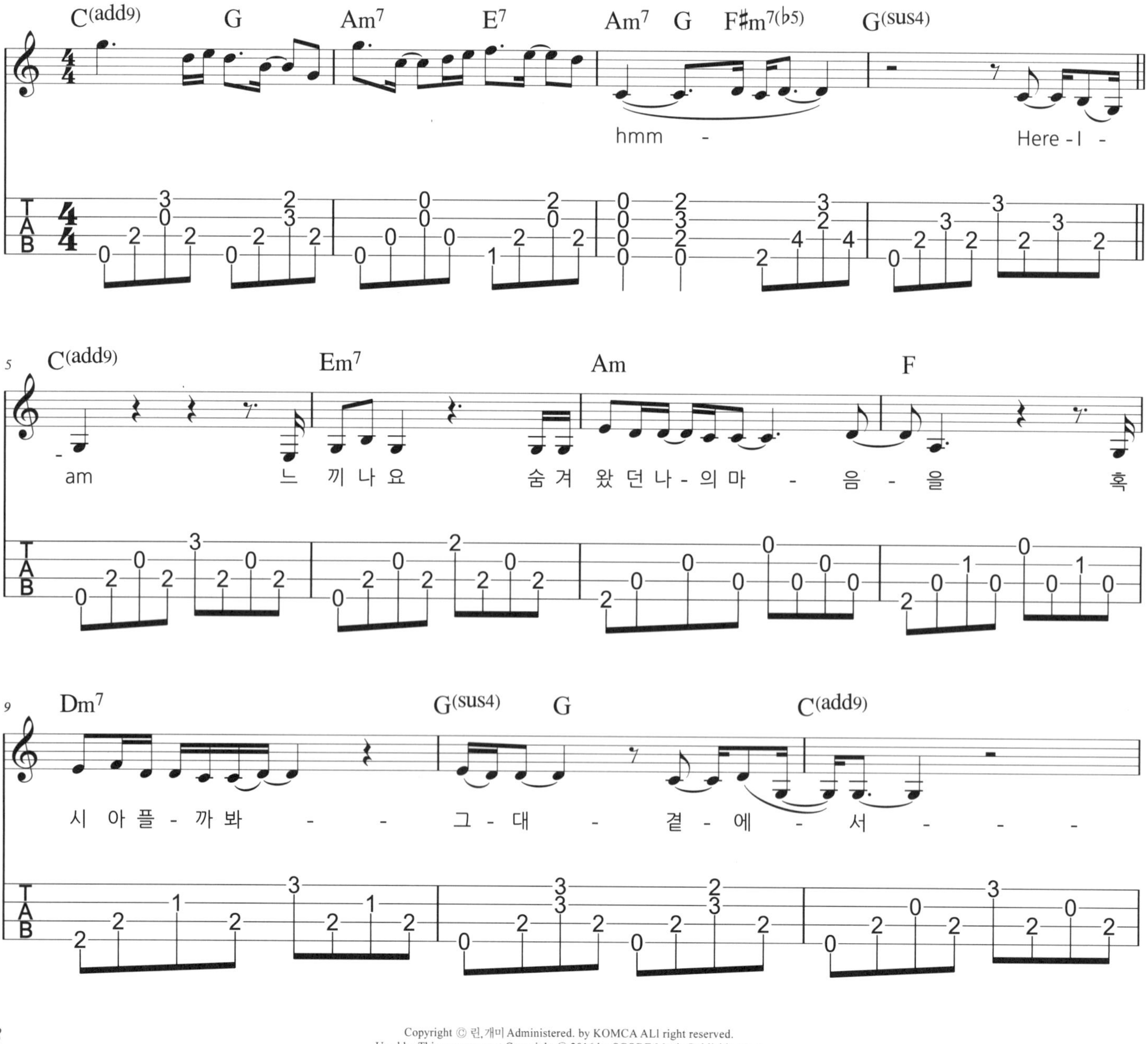

G(sus4) G7 C(add9) Em7
hmm -   here - I - am -   들리 - 나요 -   내 가
*반복되는 아르페지오 패턴을 응용하여 연주해 보세요.
Am   F(add9)   Dm7   G
슴 의작 - 은떨 - 림 - 들   사 랑인거-겠죠 - 이-건 - I think
F(add9)   G   F(add9)   G
- of you -   Al ways love you - in my heart 그 대 는 아 - 나 요 - 스 쳐 가
Em7   Am7   F   G(sus4) G
는 모 든 게 사 랑이죠 - 한걸음물러선나를 - 안아준한사람 I'm dream ing
F(add9)   G   Em7   Am7
to - be with you 단 하 나 인-거 죠-날 지 켜 줄 그 대 를 믿 어 -   이 맘 이

NO COPY

31 Dm7   G   C(sus4)   C   F(add9)   G
다 치 지 않게 - 난 언제나 - To be - with you - 내 - 맘

35 C(add9)   Em7   Am   F(add9)
이 불어 - 오는 - 차 가 운바람 - 속에 - 있을 - 때 그

39 Dm7   G(sus4)   F(add9)   G
대를보 - 았죠 - 내 - 겐 - 사 랑 - 이죠 - Al ways love

43 F(add9)   G   Em7   Am7
you in my heart 그 대 는 아 - 나요 - 스 쳐 가 는모 든 게 사 랑이죠 - 한걸음

47 Dm7   G(sus4)   G   C   Gm
물 러 선나를 - 안 아 준사람 - 그 - 대죠 - - 언 제 나그 - 대

NO COPY

A   G   Dm7   G(sus4)
곁에서-밝-게비쳐줄-게저별처럼 - ooh woah - Al ways love
20

F(add9)   G   Em7   Am7
you - in my heart 그대는아-나요-스쳐가는모든게사 랑-이죠 - 한걸음
24

Dm7   G   F(add9)   G
물러선나를-안아준한사람-I'm dream ing to be- you-단 하나인-거죠-남담아
28

Em7   Am7   Dm7
줄 그대를 믿어-요 - - - 이맘이다치지않게 - 난
T A B

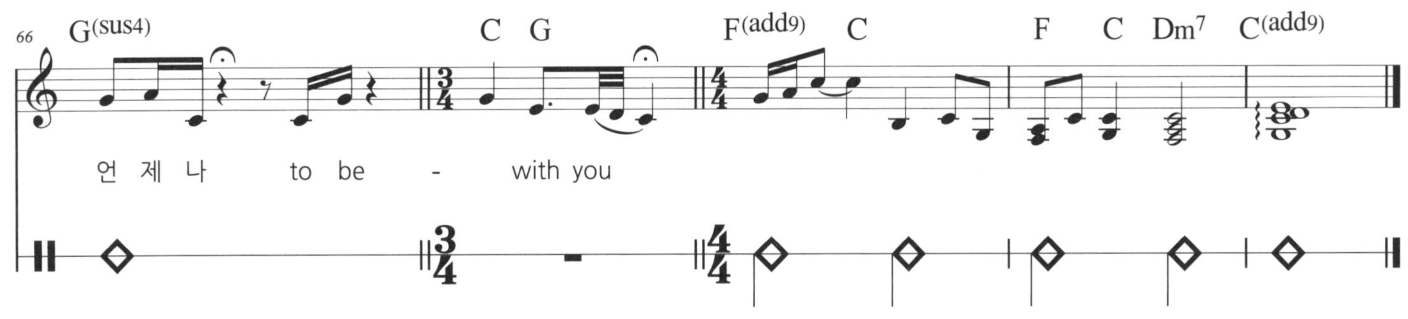

G(sus4)   C G   F(add9) C   F C Dm7 C(add9)
언제나   to be -   with you
3/4   4/4

드라마 '태양의 후예' OST

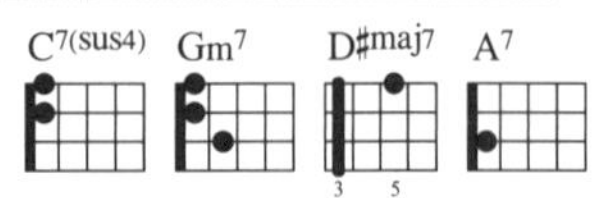

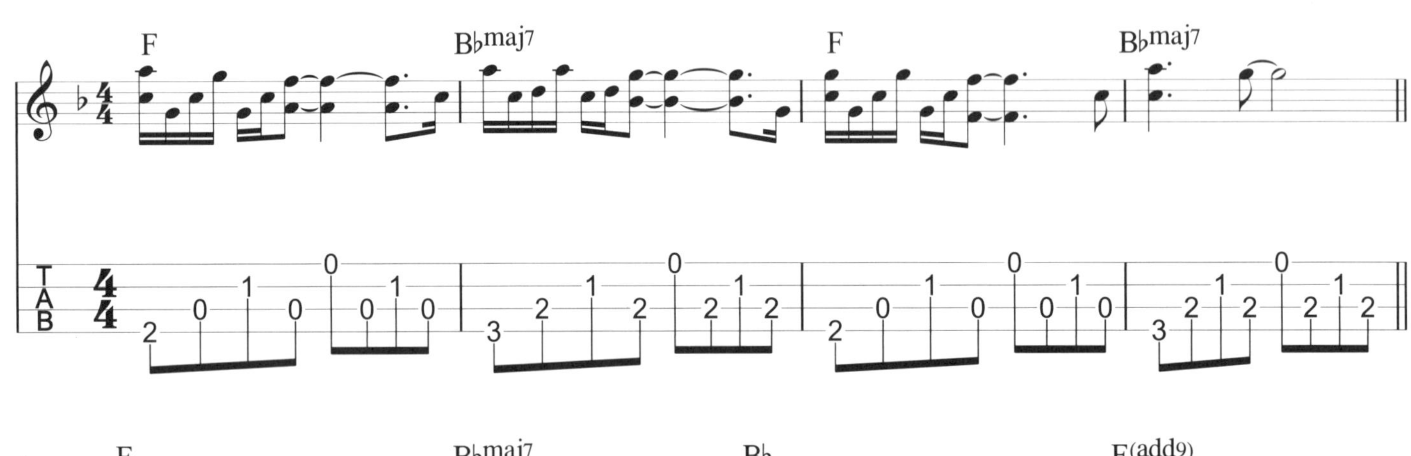

*반복되는 아르페지오 패턴을 응용하여 연주해 보세요.

NO COPY

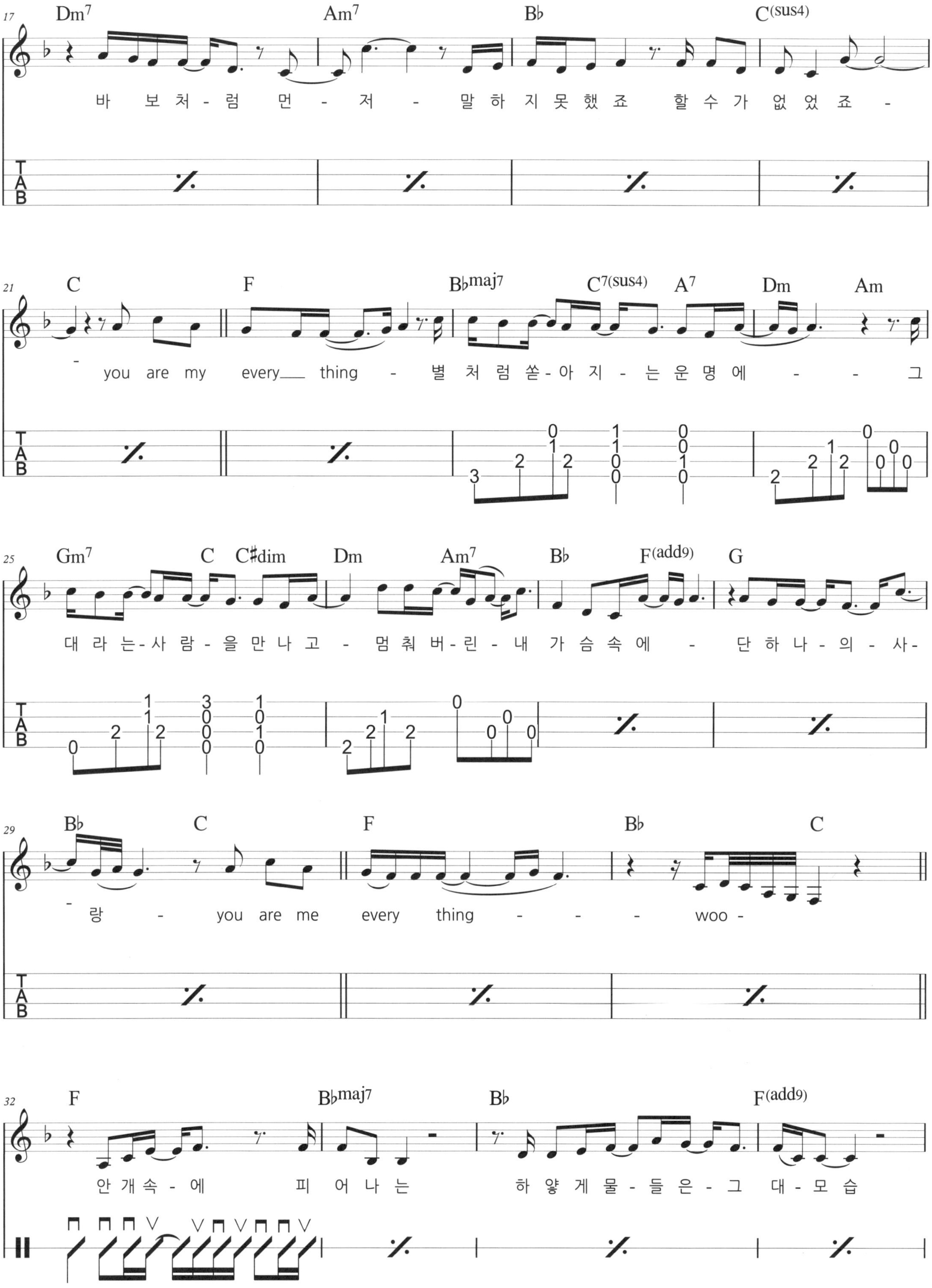

Dm7　　　　　　　　　Am7　　　　　　B♭　　　　　　C(sus4)
바 보 처 럼 먼 - 저 - 말 하 지 못 했 죠 할 수 가 없 었 죠 -

C　　　　　F　　　　　B♭maj7　　C7(sus4) A7　　Dm　　Am
- you are my every___ thing - 별 처 럼 쏟-아 지 - 는 운 명 에 - - 그

Gm7　　　　　C C#dim　Dm　　　Am7　　B♭　　F(add9)　G
대 라 는-사 람-을 만 나 고 - 멈 춰 버 린-내 가 슴 속 에 - 단 하 나-의-사-

B♭　　　C　　　　F　　　　　　B♭　　　　　C
-랑 - you are me every thing - - - woo -

F　　　　　　　B♭maj7　　B♭　　　　　　F(add9)
안 개 속 -에 피 어 나 는 하 얗 게 물-들 은-그 대-모 습

한 - 순간 - 에 내 - 게 - 심장 이 멈 출 듯 다 가 - 와 버 렸 죠 -

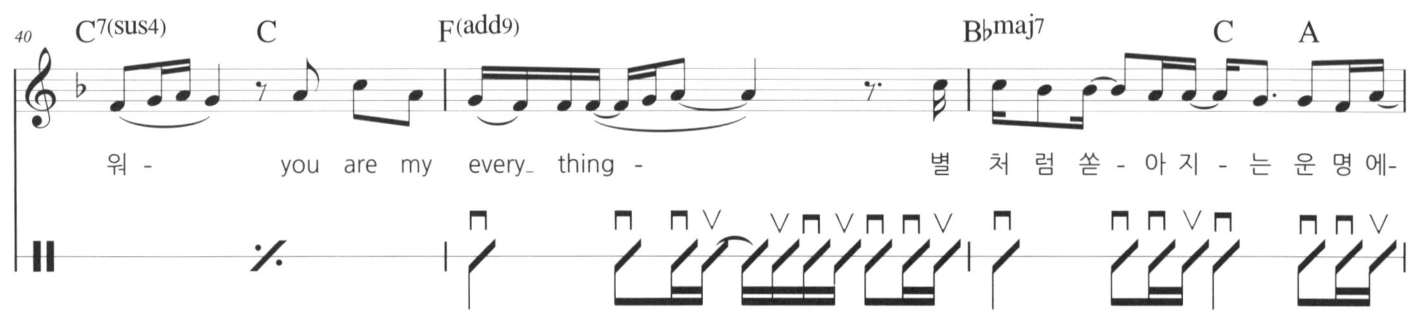
워 - you are my every_ thing - 별 처럼 쏟 - 아지 - 는 운명 에 -

그 대 라 는 - 사 랑 - 을 만 나 고 - 멈 춰 버 - 린 - 내

가 슴 속 에 - 단 하 나 의 - 사 랑 - - you are my

every_ thing yeah - 시 작 도 못 - 했 던 - 나 의 사 - 랑 을 - 이

Gm7   Dm   D#maj7   C(sus4)
제 는 말 - 할 수 - 있죠 - 누 구 도 가 - 질 수 - 없 는 - 기 적 - 인 데 - you are my

F   B♭   C   A   Dm7   Am
every____thing -   뜨 거 운 내 - 사 랑 - 은 그 - 댄 걸 -   계

Gm7   C   A   Dm7   Am   B♭   F(add9)
절 이 변 - 해 도 - 난 이 - 곳 에 - 멈 춰 버 - 린 - 내 가 슴 속 에 -

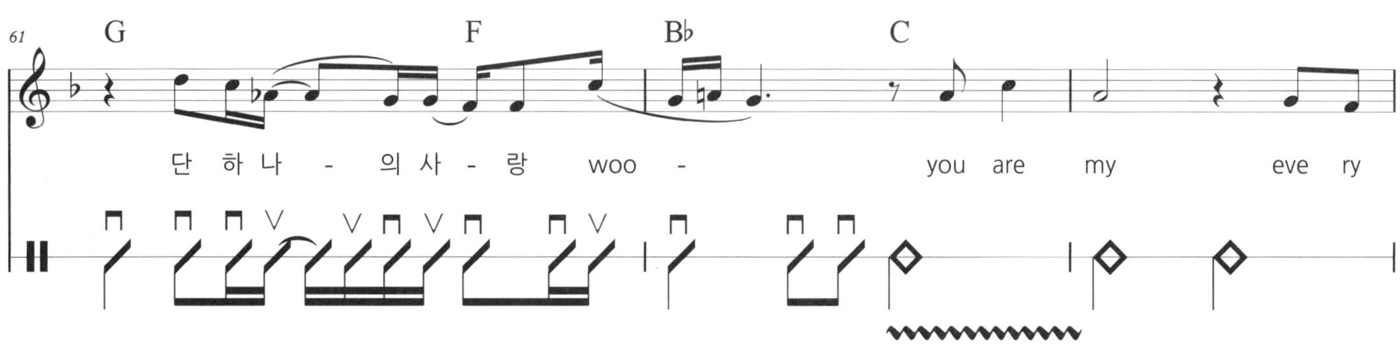

G   F   B♭   C
단 하 나 - 의 사 - 랑 woo -   you are my   eve ry

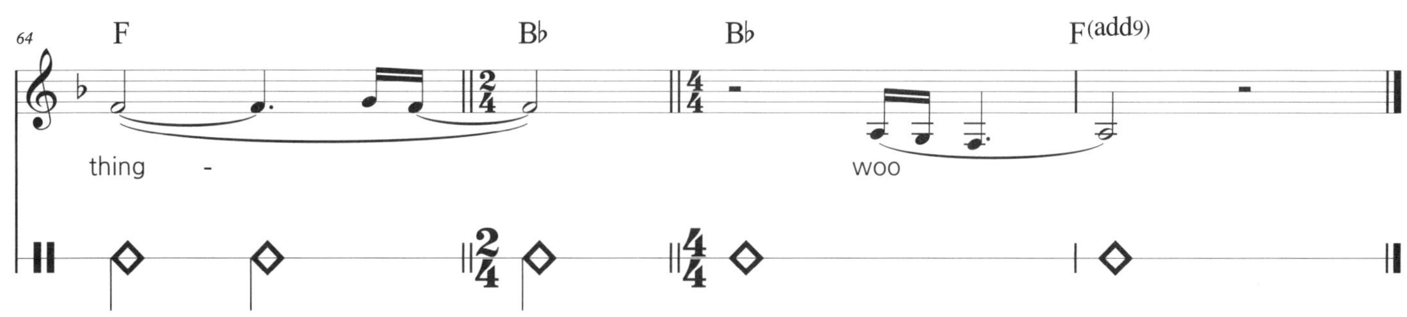

F   B♭   B♭   F(add9)
thing -   woo
2/4   4/4

그대, 바람이되어

M.C The Max 노래 (이수, 개미, 지훈/개미)

드라마 '태양의 후예' OST

있을까 - - 이미그댄 - 나의 - 전부가 됐는데 - 전
하지못 - 해 - 서 말할수없어서 - 나의가슴이 - 터질것같은 지독한
이 사 랑 - 그 댄알고 - 있나 - 못견디게보 - 고픈 - 그 대 -
- 내 - 전부 - 가 - 된거죠 처음부터 - 시작된 -
- 사 랑 - 이토록사 랑할 - 수

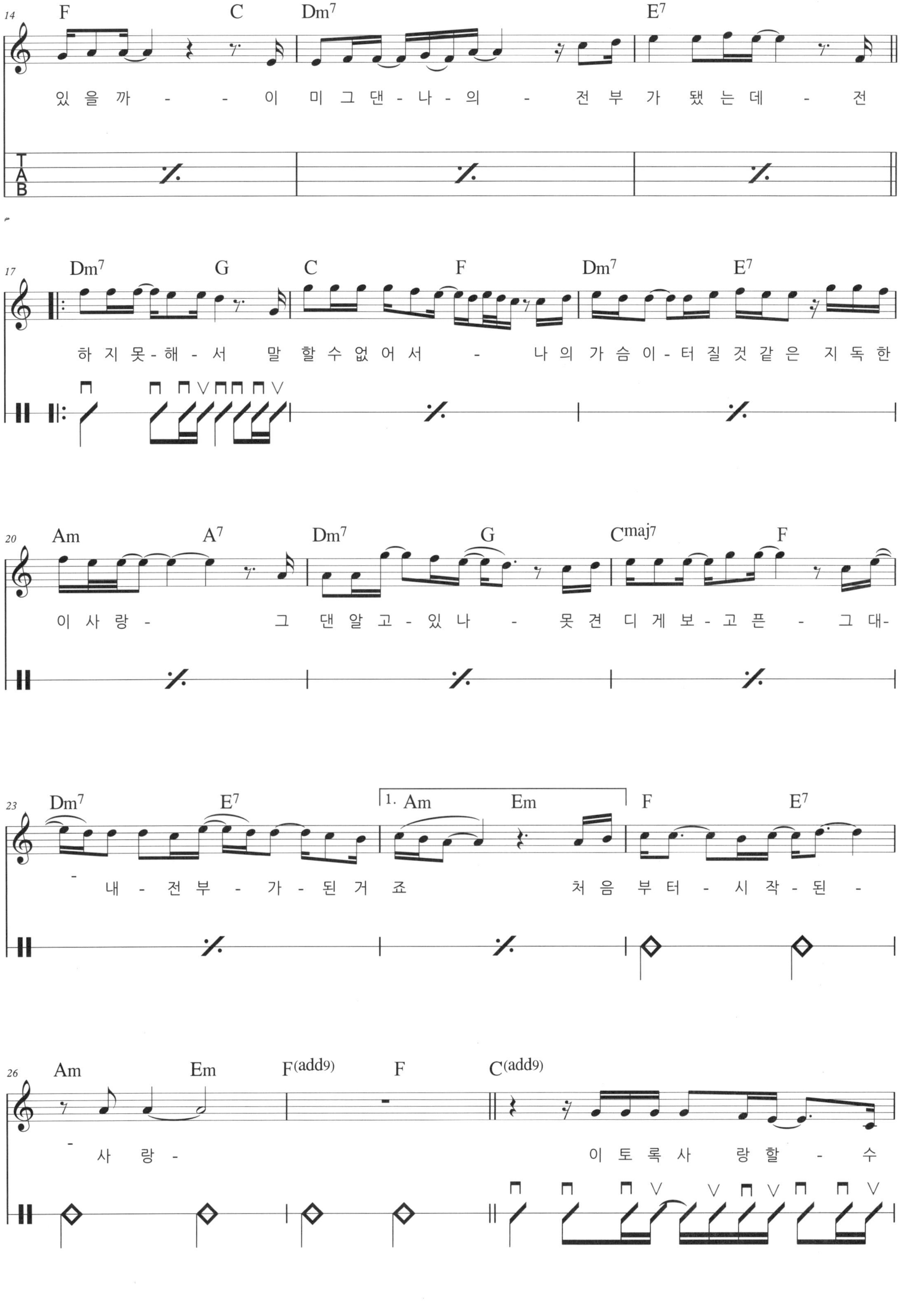

29 Bm7(♭5)   E7   Am   C   F(add9)   C
있 을 까 - - 나의가 슴 에 물 - 들 어 - 버 린 - 이 사 람 -

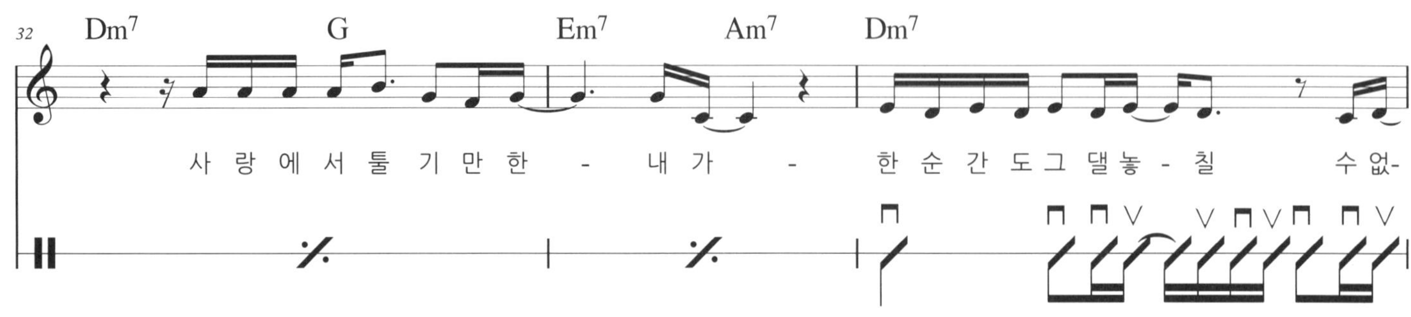

32 Dm7   G   Em7   Am7   Dm7
사 랑 에 서 툴 기 만 한 - 내 가 - 한 순 간 도 그 댈 놓 - 칠 수 없 -

35 E7   Am   Em   F   C
- 어 - - 사 랑 한 다 는 흔 - 한 말 - 이 필 - 요 있 을 까 - - 이

38 Dm7   E7   2. Am   C
미 그 댄 - 나 - 의 - 전 부 가 됐 는 데 - 전 죠 -

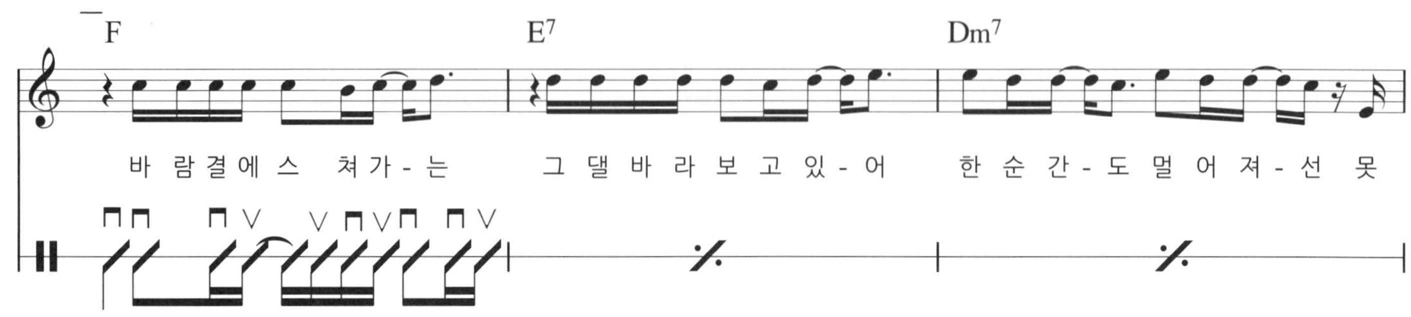

F   E7   Dm7
바 람 결 에 스 쳐 가 - 는 그 댈 바 라 보 고 있 - 어 한 순 간 - 도 멀 어 져 - 선 못

NO COPY

E7   Dm7   G   Cmaj7   F
견 디 겠-다 고 - 전 하 지 못-해-서 말 할 수 없-어 서 - 나의

Dm7   E7   Am   A7   Dm7   G
가 슴 이-터 질 것 같 은 지 독 한 이 사 랑 - 그 댄 알 고-있 나 - 못 견

Cmaj7   F   Dm7   E7   Am   Em
디 게 보-고 픈 - 그 대 - 내 - 전 부 - 가 - 된 거 죠 - 처 음

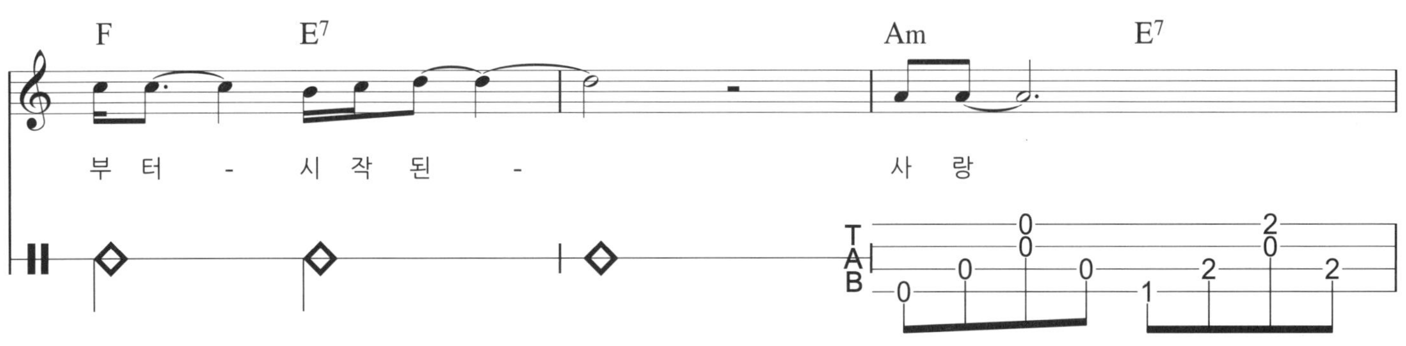

F   E7   Am   E7
부 터 - 시 작 된 - 사 랑

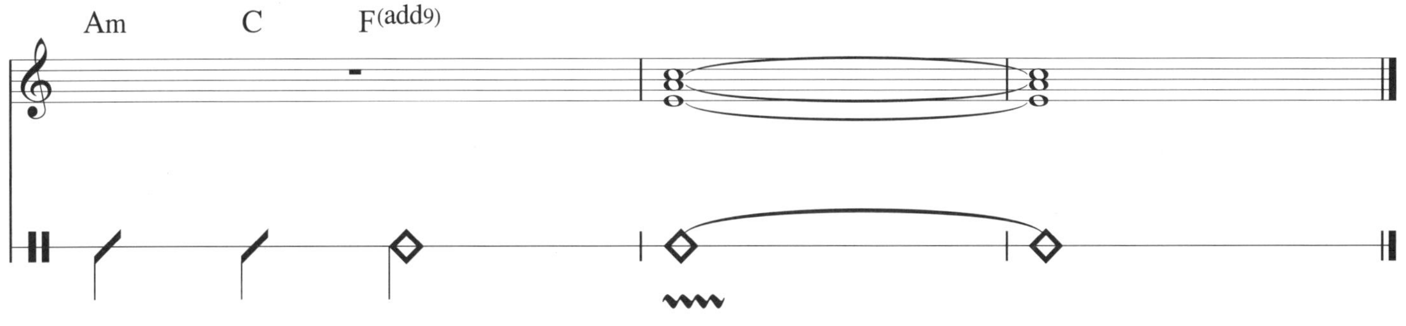

Am   C   F(add9)

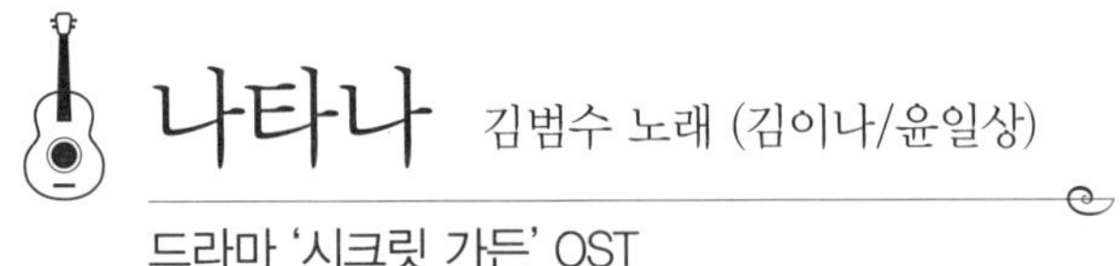
나타나
김범수 노래 (김이나/윤일상)
드라마 '시크릿 가든' OST

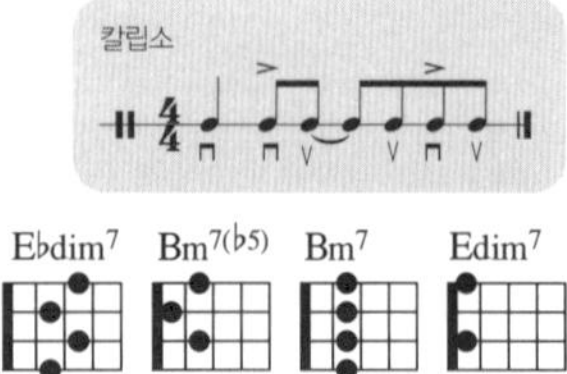
칼립소
Ebdim7   Bm7(b5)   Bm7   Edim7

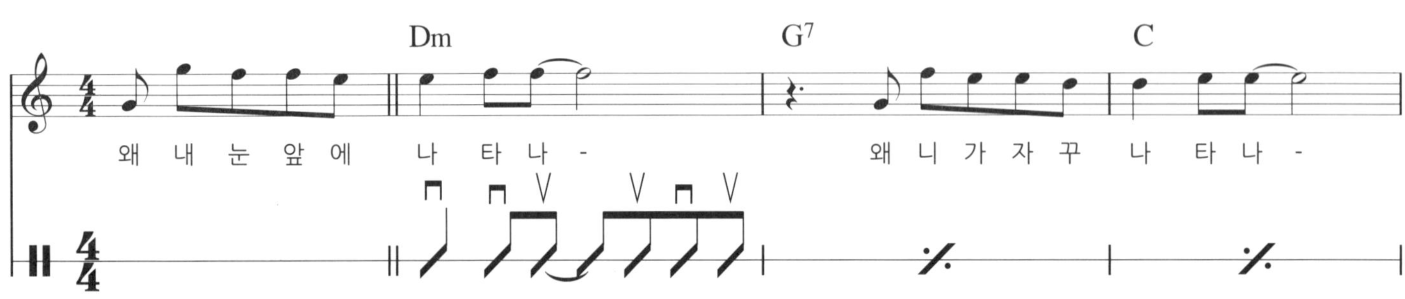
Dm   G7   C
왜 내 눈 앞에 나 타 나 - 왜 니 가 자 꾸 나 타 나 -

Fmaj7   Bm7(b5)   E7   A7
두 눈 을 감 고 누 우 면 - 왜 니 얼 굴 이 - 떠 올 - 라   uh

A7   Dm   G7   Em7
- 별 일 아 닌 듯 하 다 가 - 가 슴 에 내 려 앉 다 가 -

Am   D   Dm   C   Ebdim7   Dm
스 치 는 일 인 게 아 - 니 라 는 걸 그 - 것 만 은 분 명 한 - 가 봐

NO COPY

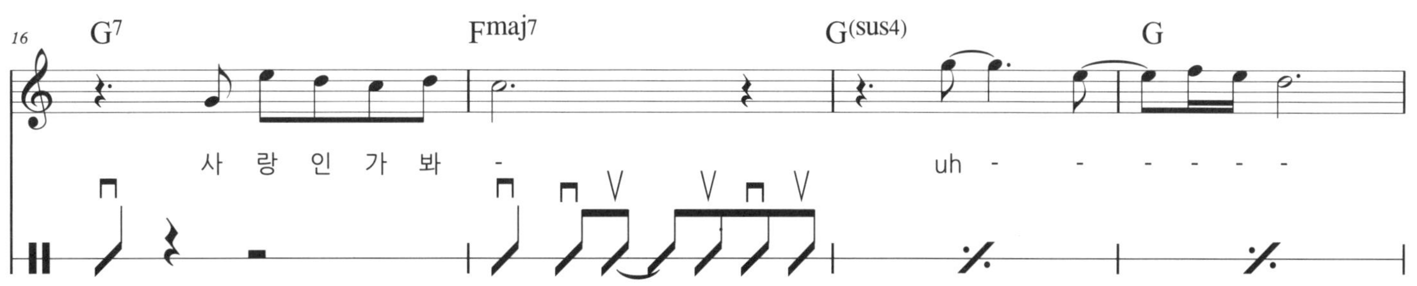

G7
Fmaj7
G(sus4)
G
사 랑 인 가 봐
uh

Fmaj7
C
내 모 습 이 부 족 하 다 - 고 느 낀 적 없 - 었 어

Dm
G7
Am
- 하 루 끝 - - 자 락 - 이 야 - 쉬 운 - 적 도 없 - 었 어
woo

Gm7
C7(sus4)
Fmaj7
Fm
- - - - - 근 데 말 야 좀 이 상 해 - 뭔 가

Em7
A7
Dm
- 빈 틈 이 생 겨 버 - 렸 나 - 봐
니 가 와 야 채

Bb   G7
- 워 지 - 는 틈 이 -   이 상 해 - - -   삶 은

Am   E7   Edim7
다 살 아 - 야 아 - 는 건 지   아 직 이 럴 맘 - 이 남
놀 란 건 - 아 닐 - 지 라 도   그 게 너 라 는 - 건 믿

D   Dm   Em7
- 긴 했 었 - 는 지   세 상 가 장 나 쉽 - 게 봤 던   사 랑 땜
- 기 힘 든 - 걸 -   코 앞 에 너 를 두 - 고 서 도   몰 랐 던

F(add9)   G7   Dm
- 에 또 어 - 지 러 워 -   왜 내 눈 앞 에 나 타 나 -
- 내 가 더 - 이 상 해 -

G7   C   Fmaj7
왜 자 꾸 니 가 나 타 나 -   두 눈 을 감 고

누 우 면 - 왜 니 얼 굴 이 - 떠 올 - 라 uh

- 별 일 아 닌 듯 하 다 가 - 가 슴 이 내 려

앉 다 가 - 스 치 는 일 인 게 아 - 니 라 는

걸 그 - 것 만 은 분 명 한 - 가 봐 사 랑 인 가 봐

사 - 랑 이 야 - - -

64
Dm
G7
사 - 랑 이 야 - uh - - - - - - -

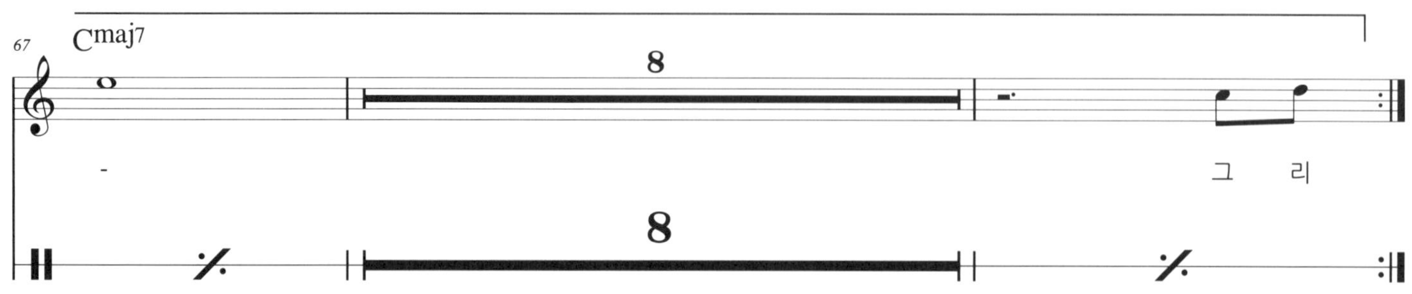
67
Cmaj7
8
8
- 그 리

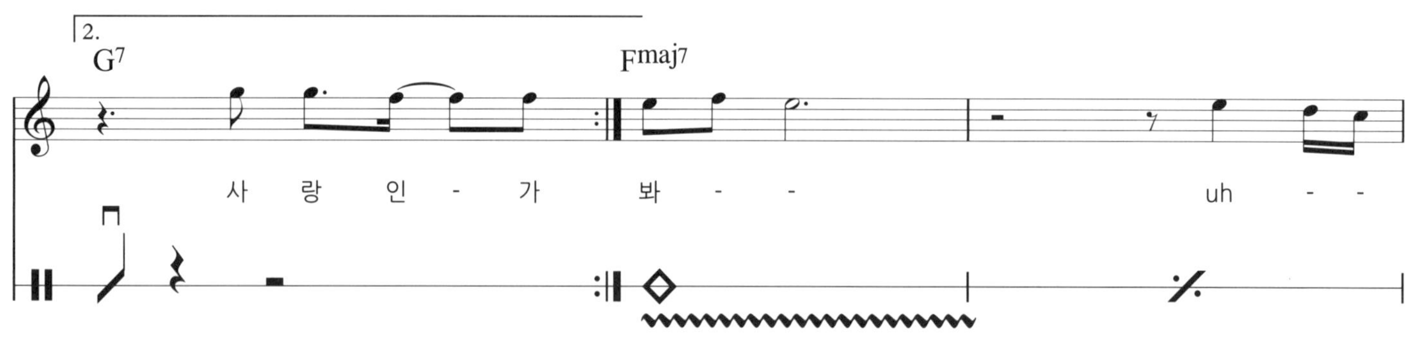
2.
G7
Fmaj7
사 랑 인 - 가 봐 - - uh - -

C
Dm
- - - - 이 - 럴 려 고 니 가 내 - 곁 에

G7
Cmaj7
- - - - 온 건 가 봐 - - - -
rit.

내사랑아

이종현 노래 (한성호/김재양)

드라마 '신사의 품격' OST

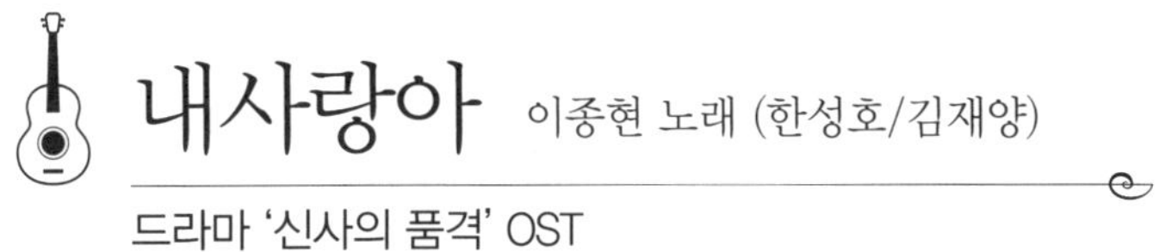

Dm
F
G(sus4)
명 히 -
또 다 시 떠 -
올 라 -

G7
C
Am
내 사 랑 - 아
사 랑 아 -
그 리 운 나 - 의 사 - 랑 아-

Dm7
F
목 놓 아 불 - 러 보 - 지 만 -
듣 지 도 못 - 하 는 - 사 랑-

G(sus4)
G
C
Am
내 사 랑 - 아
사 랑 아 -
보 고 픈 나 - 의 사 - 랑 아-

Dm7
F
그 대 이 름 - 만 으 - 로 도 -
베 인 듯 아 - 픈 사 랑 아-

NO COPY

37
G(sus4)
G
1.
C
내 사 랑 아 -

40
Am
Am
창 가 에 어 - 둠 이 - 오 면 -

43
C
Dm
숨 겨 논 추 - 억 이 -

46
Dm
F
G(sus4)
내 맘 을 밝 - 히 네 -

49
G
2.
C
내 사 랑 -

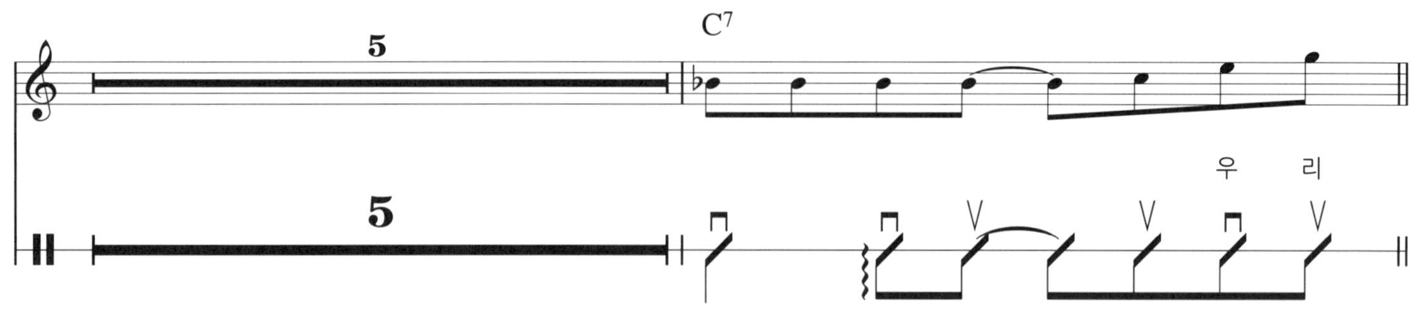
5
C7
우 리

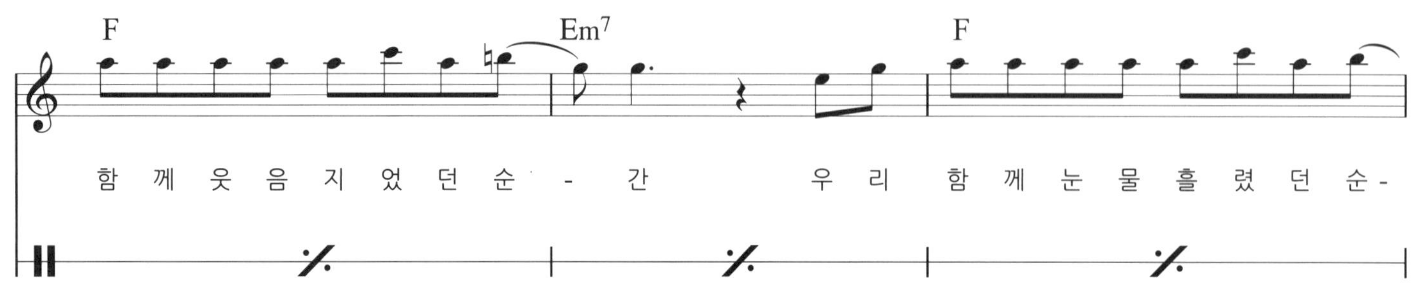
F
Em7
F
함 께 웃 음 지 었 던 순 - 간   우 리 함 께 눈 물 흘 렸 던 순 -

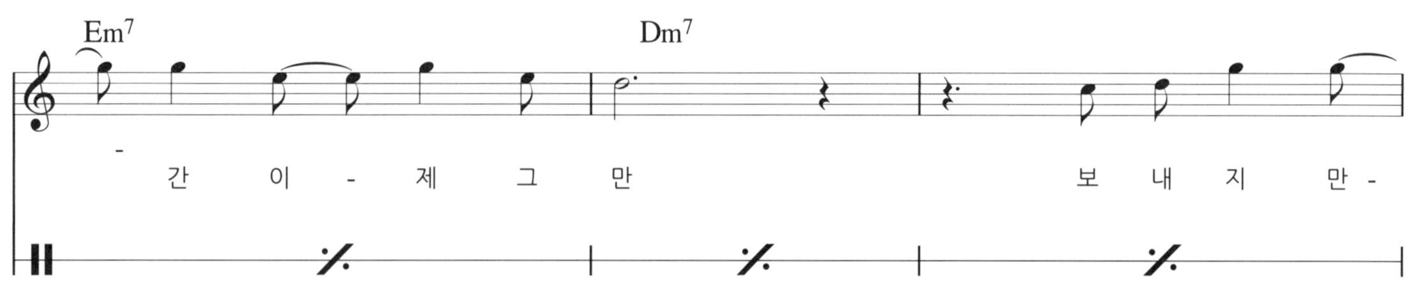
Em7
Dm7
- 간 이 - 제 그 만   보 내 지 만 -

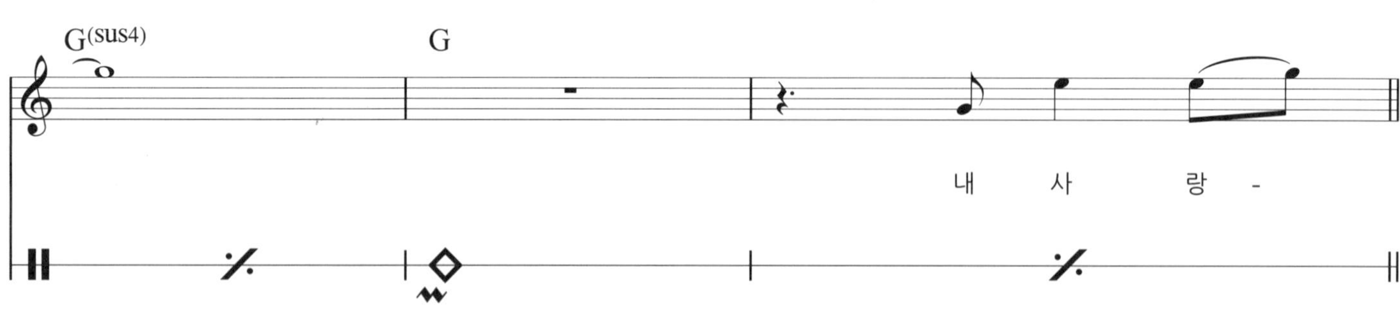
G(sus4)
G
내 사 랑 -

C
Am
아   사 랑 아 - - 고 마 운 나 - 의 사 랑 아 -

Dm7
내 전부 다 - 지운 대도 - - 가슴에 남 -

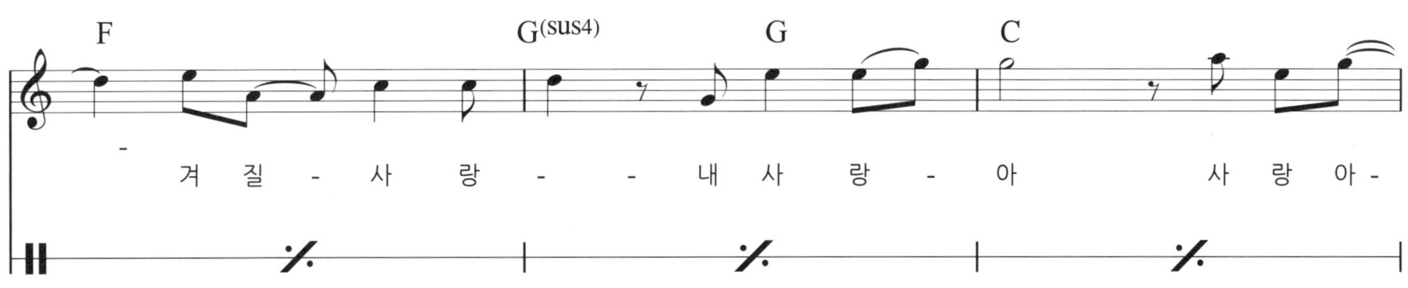
F
G(sus4)
G
C
겨질 - 사랑 - - 내 사 랑 - 아 사 랑 아 -

Am
소 중한 나 - 의 사 - 랑 아 - - 내 숨이 다 -

Dm7
F
할 때 - 까 지 - - 간 직할 나 - 의 사 - 랑 아 -

G(sus4)
G
내 사 랑 아 -

눈의 꽃

박효신 노래 (Satomi/Matsumoto, Ryoki)

드라마 '미안하다 사랑한다' OST

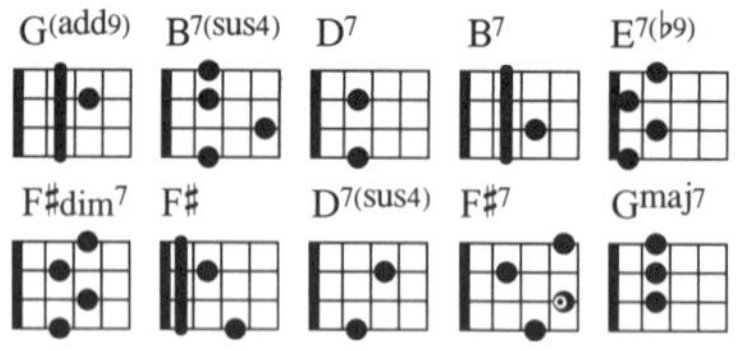

Em7 Bm7 C D7 G Am7 D Cmaj7 B7
있 는 것만으-로 눈물 이 나는-걸요 - 바 람 이 - 차 가 워
사 랑 영원하-길 기도 하고 있-어 요 - 바 람 이 - 나의창

Em7 Bm7 Am7 B7 Em7 Bm7 A F#
지 는 만 큼 - 겨 울 은 가 까-워 오 네 요 - - 조 금 씩 이 거 리 그 위 로
을 흔 들 고 - 어 두 운 밤 마 저 깨 우 면 - - 그 대 아 픈 기 억 마 저 도

Bm7 E7(♭9) Am7 F#dim7 B7 Em7 Bm7
- 그 대 를 보 내 야 했 던 - 계 절 이-오 네 요-지 금 올 해 의 첫 눈-꽃 을 바
내 가 다 지 워 줄 께 요 - 환 한 그 - 미 소 로-끝 없 이 내 리 는 새-하 얀 눈

Cmaj7 D7 Bm7 Em7 Am7 G Cmaj7 B7
라 보 며 - 함 께 있 는 이 순 간 에 - 내 모 든 걸 당 신 께 주-고 싶 어-이 런 가 슴 에 그 댈-안 아 요
꽃 들 로 - 우 리 걷 던 이 거 리 가 - 어 느 새 변 한 것 도 모-르 는 체-환 한 빛 으 로 물 들-어 가 요

Em7 Bm7 Cmaj7 D7 Bm7 B7 Em7 Bm7 Am7 D7(sus4)
약 하 기 만 한-내 가 아 니 에 요-이 렇 게 그 댈 사 랑 하 는 데 - 그 저 내 맘 이 이 럴 뿐 인 거 죠
누 군 갈 위 해-난 살 아 갔 나 요-무 엇 이 든 다 해 주 고 싶 은 - 이 런 게
울 지 말 아 요-나 를 바 라 봐 요-그 저 그 대 의

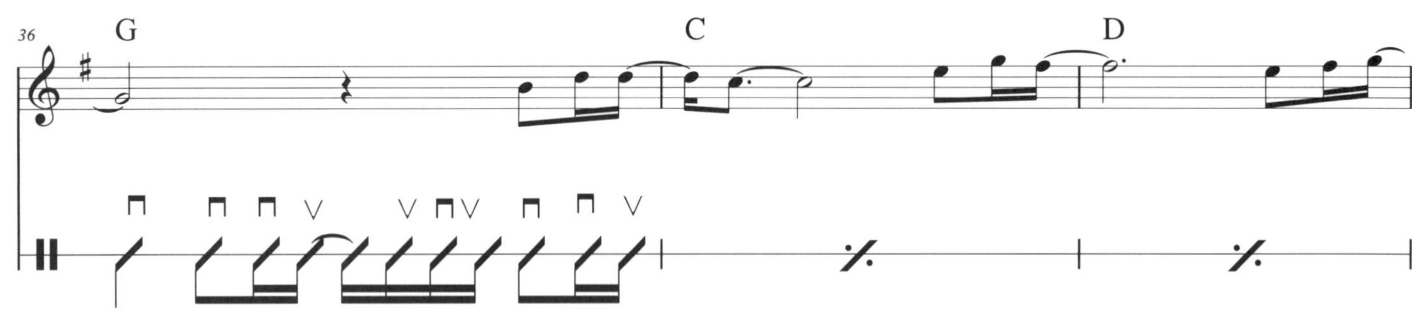
36
G
C
D

39
C
D7
Am7
D7
G
그 사랑인줄 배웠어요
혹
D.S al Coda

42
C
F#7
Bm7
E7(b9)
Am7
D7
시 그대 있는 - 곳 어 - 딘 지 알았다면 - 겨 울밤 별이되 - 그대를

45
Gmaj7
G7/D
Cmaj7
C#dim
G
Em7
비 췄을 - 텐데 - 웃던 날 도 눈 - 물에 젖었 - 던 슬픔밤 - 에도 - 언제

48
Am7
D7(sus4)
D7
B7(sus4)
B7
나 그 언제나 곁에 있을 게요 -
지금
D.S.S.

NO COPY

Bm7   Em7   Am7   G   C   B7
곁 에서   함 께있 고 싶 은 맘 뿐-이 라 고-다 신 그 댈 놓 지않-을 게 요

Em7   Bm7   Cmaj7   D7   Bm7   Em7   Am7   G
끝 없 이내 리-며 우 릴 감 싸 온-거 리 가 득 한 눈 꽃 속 에 서-그 대 와 내 가 슴 에 조-금 씩 작 은

Cmaj7   G   Am7   D7
추 억 을 그 리-네 요 영 원 히내 곁 에 그-대 - - 있 어 요

G   C
2/4

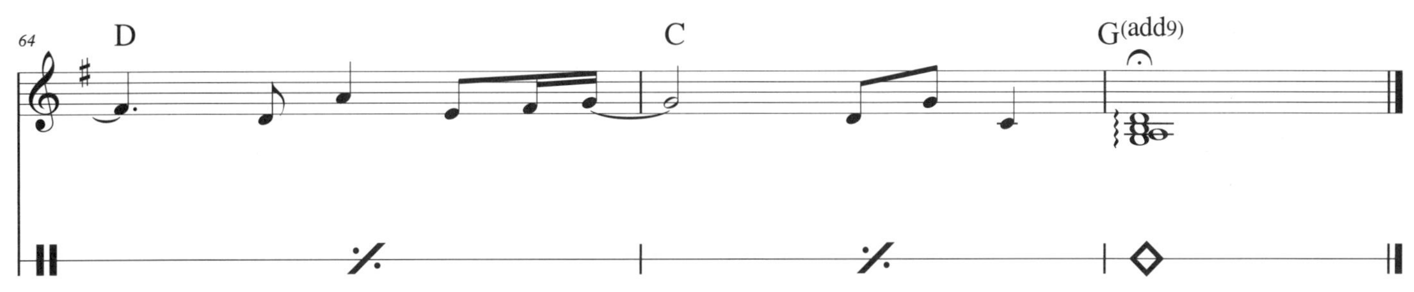

D   C   G(add9)

다시 너를

매드 클라운 노래 (매드클라운, 지훈/이라음, 황찬희, 이승주)

드라마 '태양의 후예' OST

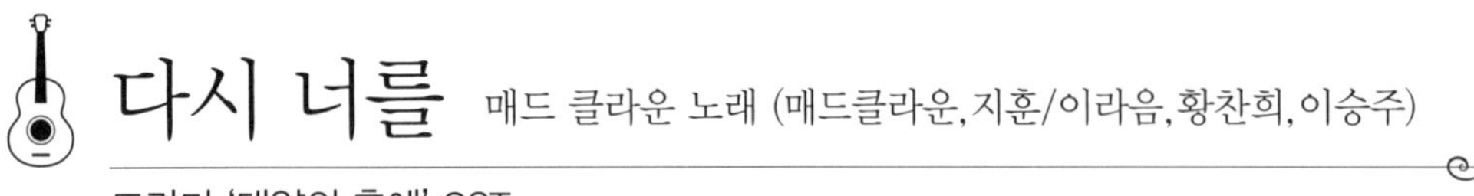

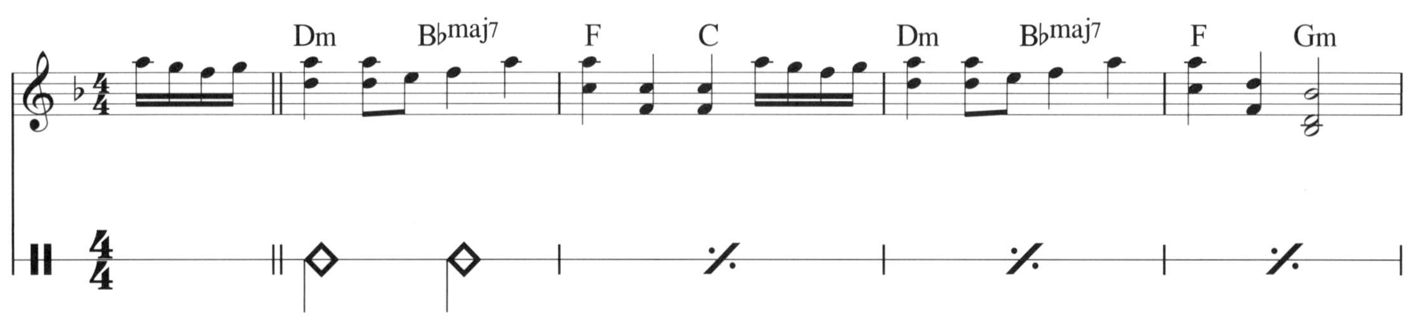

Bbmaj7   F   A   Bb   C
지 는 너-에게 - 전하지 못-했어 - 한-번도 - 널 사 랑 해-

F   A7   Bb   C   1. Dm   Gm
내 깊은 마-음속 - Don't let me cry - 넌

Dm   C   F   A
닿으면 없어질 꿈 녹아 내려-버린 눈 닌 가 그리워질 때면 난 너가 돼-있었고-

Bbmaj7   Gm   C7
잡지 않-았어 널 다시 올-줄 알고 그리워 하다 보면 언젠가는 다시 볼-줄 알고 열

Dm   C   F   A
병 같던 감정의 시작 끝 그 시작 끝 에서 있어 비 상등 처럼 어둠 속 혼자 우두 커니 불켜 있어

아 무 리 생 각 해 도 답 은 넌-데 가 슴 에 틀 린 답 을 적-네 밀 어 내 도 남 아 있 어 어 느 새 꿈 속 에 와 있 어

you be with out - you a ny more 생 각 해 도 모 르 겠 어 너 없 이 사 는 법 -

you be with out - you a my more 딱 하 루

돌 아 갈-수 있 다 면 그 날 로 나 살 수 있 다 면 널 아 프 게 한 말 과 행 동 되 돌-릴 수 있 다 면

덜 외 롭 게-하 고 더 꽉 안 을 수 있 다 면 미 치 게 후 회 스 러 운 그 하 루 다 시 내 게 주-어 진 다 면

Dm
C
F
A
다시는 내게 서네손절 대로놓지 않을게 내가 넌   예쁘게만피면돼널위해서가시가될게 내가

Bbmaj7
3
Gm
3
C
빌어먹을왜몰랐-을까 그때널잡았다면달랐을-까 난어차피넌-데널떠나봤자결국 어차피-넌데

Bb
C
Dm
you   be with out - you a - ny - more   생각해도모르겠어너없이사는 법

Bbmaj7
Gm
Dm
Am
- you   be with-out - you anymore   다시너를볼수있-을까 - 다시- 스쳐

Bb
F
A
Dm
지나가-버린- 운명 앞에서-있어-----   깨지못할꿈이었-을까

Am B♭ F C
- 우리 - 멀어 지는너 -에 게 - 전하지 못 -했어 - 나 -의 마 -음을

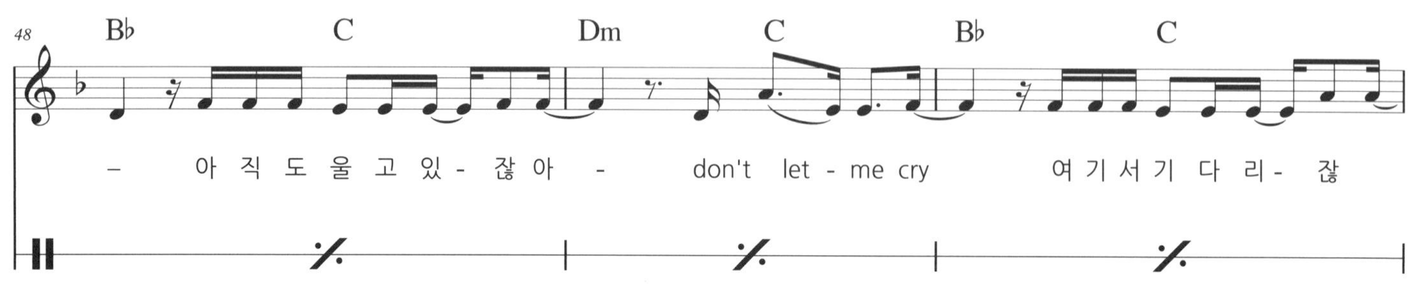
B♭ C Dm C B♭ C
- 아직도 울고 있 -잖아 - don't let - me cry 여기서기 다 리 -잖

F C B♭ C F A
아 가 슴 이 지 치 -도록 - don't say good bye - - - - 내 곁에 돌 -아 와

B♭ C Dm Gm Dm
- 혼자라도 찾 -아 와 - - - - - ah - ah -

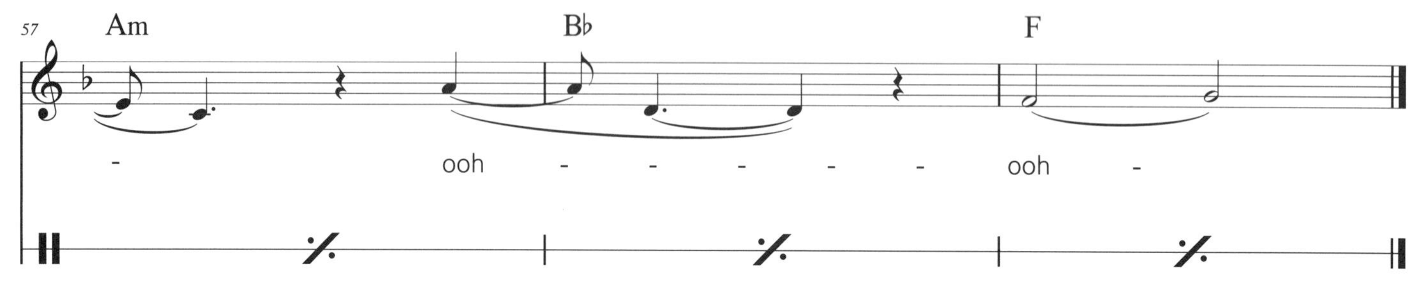
Am B♭ F
- ooh - - - - - ooh -

말해 뭐해

K.Will 노래 (케이윌) 노래 (허성진, 태윤미, 샐리/허성진)

드라마 '태양의 후예' OST

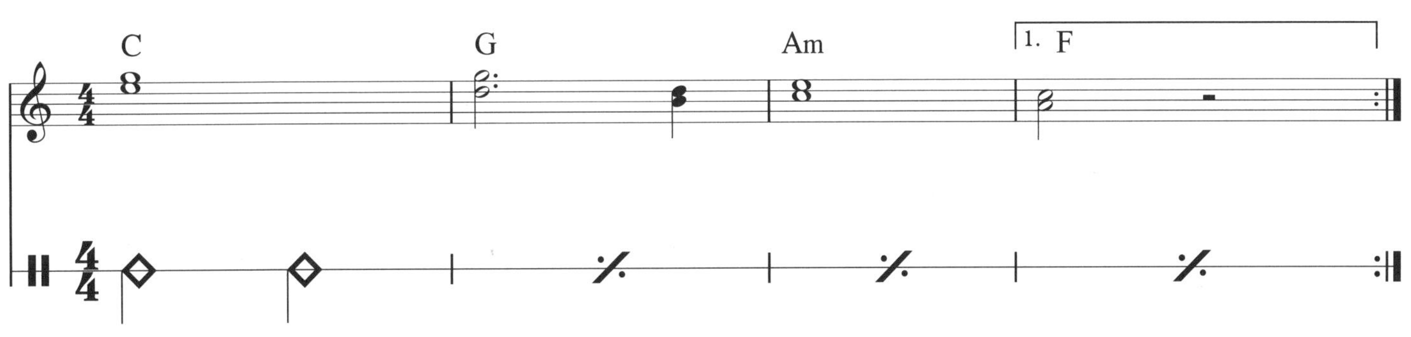

17
F   C   G   Am
궁 금 해 지 고 -   넌 왜 내 게 서 맴 - 돌 아 - oh 어 떻 - 해 난 -
난 너 하 나 만 생 - 각 해 - oh 이 럴 - 게 난 -

21
F   C   G   Am
- 자 꾸 만 생 각 이 - 나   말 해 - 뭐 - 해 - 말 해 - 뭐 - 해 이 러 다 - 가 바 보 처 - 럼
자 꾸 만 입 맞 추 - 고

25
F   C   G   Am
한 눈 팔 - 게 하 지 말 - 고 말 해 - 볼 래 - 말 해 - 볼 래 나 의 맘 에 - 담 긴 사 람 -

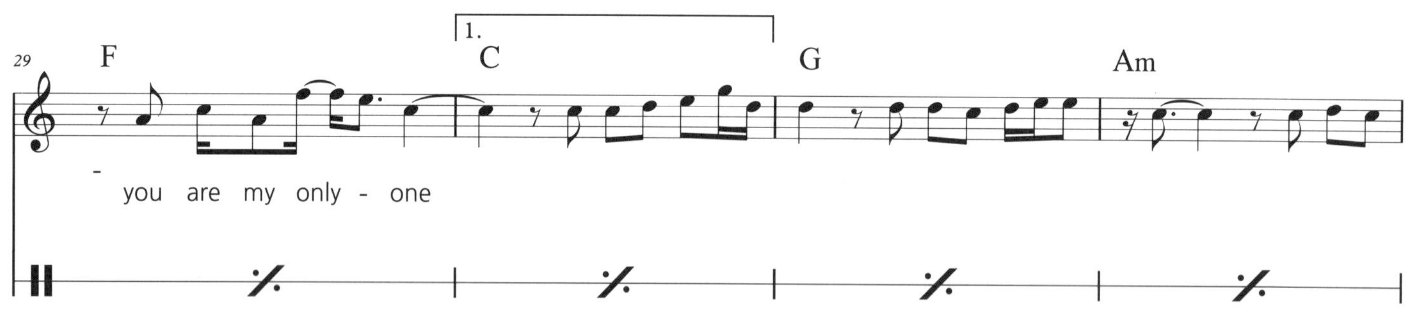

29
1.
F   C   G   Am
- you are my only - one

33
F   C   G   Am

NO COPY

37
F
C
G
너무나 사랑을-해도 눈물난다는-게
Fine

41
Am
F
C
G
그런말이이해-가되지-않아 하지만그댈본-순간 두-눈 가득고-

45
Am
F
2.
Dm
G
인 눈물이 사 랑인것같아 내모든게-서툴다해-도 니곁

Em
Am
G
Dm
G
에 나머물고만-싶어지-는게 사랑일까--사 랑일거야 너의-

Em
Am
G
너의--남 자되고싶-어 어-

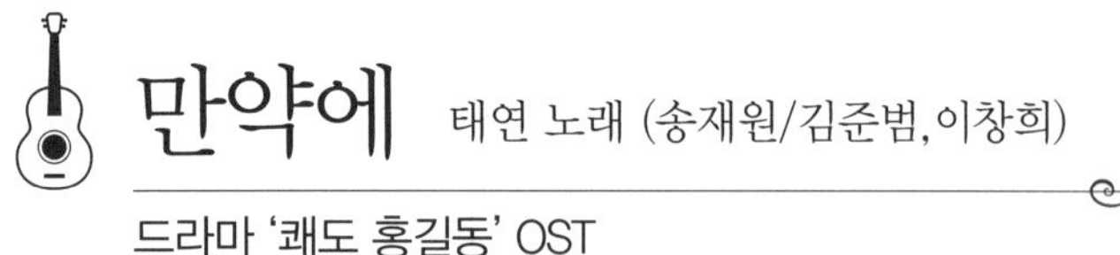
만약에
태연 노래 (송재원/김준범, 이창희)
드라마 '쾌도 홍길동' OST

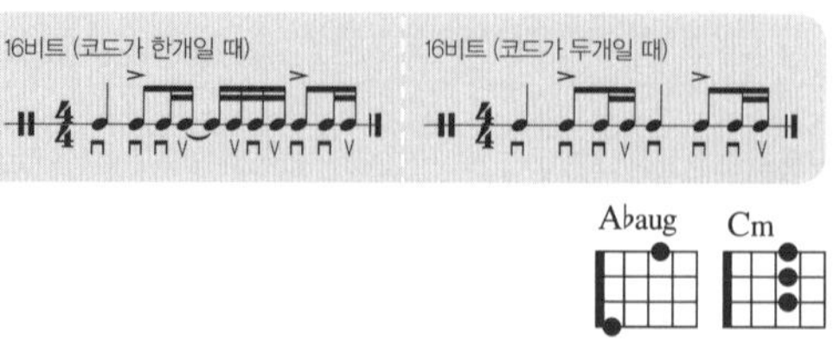
16비트 (코드가 한개일 때)
16비트 (코드가 두개일 때)
A♭aug
Cm

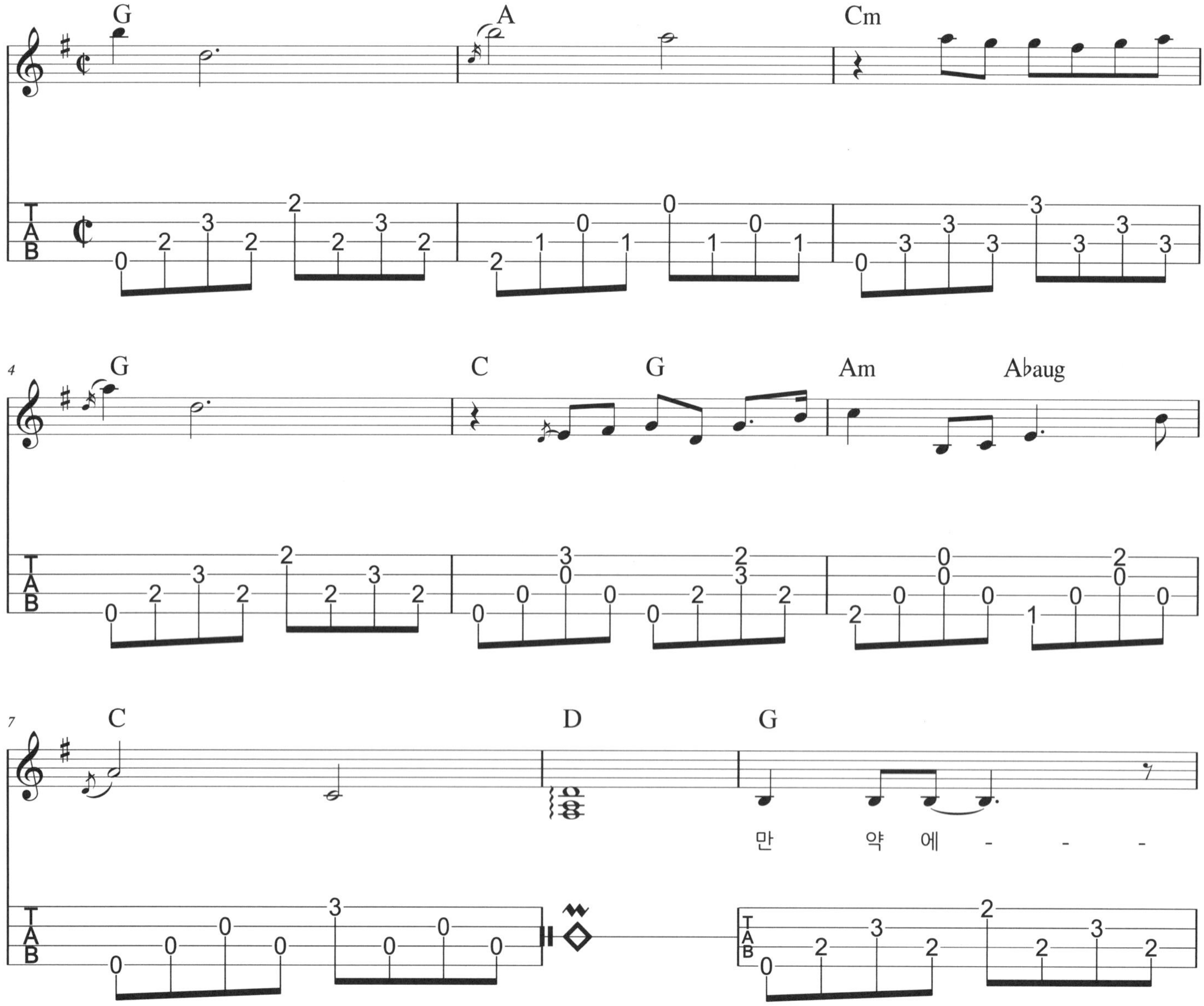

만 약 에 - - -

NO COPY

D
B7
Em
내 가 간 다 면 - - 내 가 다 가 간 다 - 면 - - 넌

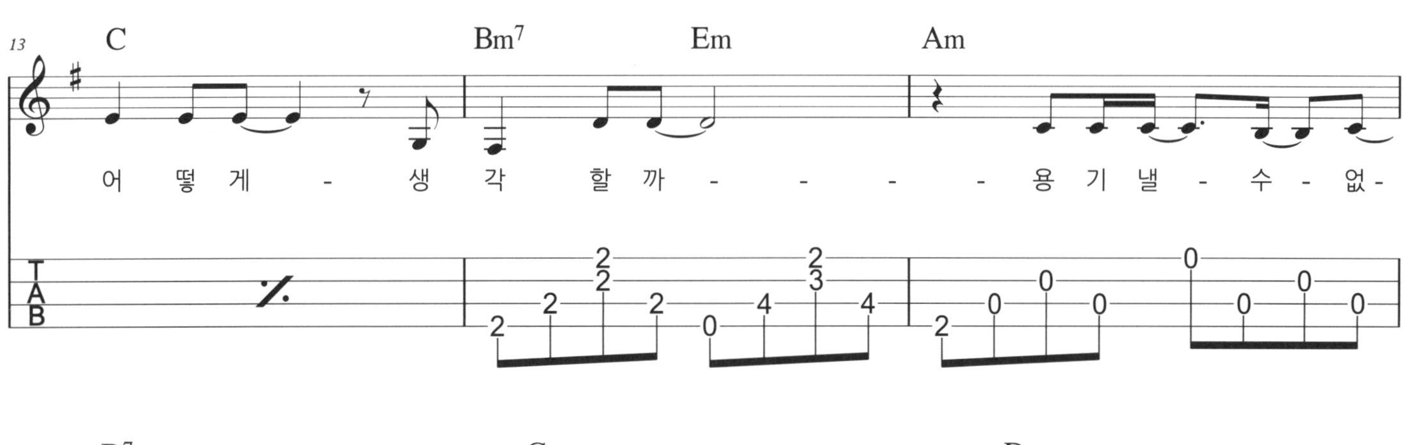
C
Bm7
Em
Am
어 떻 게 - 생 각 할 까 - - - - - - 용 기 낼 - 수 - 없 -

D7
G
D
고 -
만 약 에 - - - - 네 가 간 다 면 -
만 약 에 - - - - 네 가 온 다 면 -

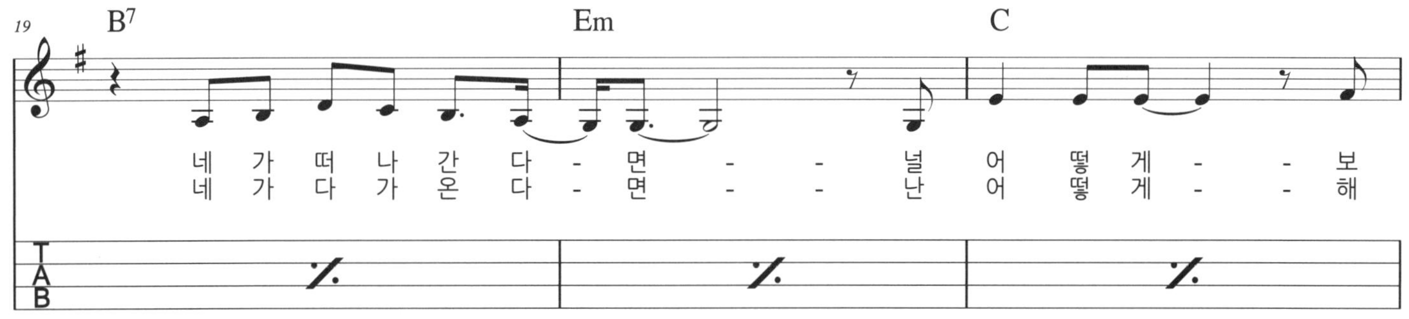
B7
Em
C
네 가 떠 나 간 다 - 면 - - - - 널 어 떻 게 - - - 보
네 가 다 가 온 다 - 면 - - - - 난 어 떻 게 - - - 해

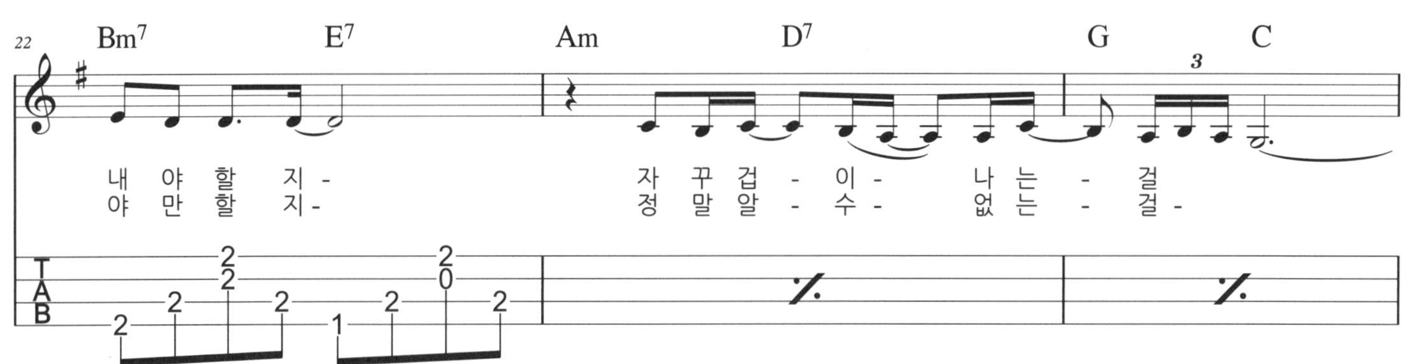
Bm7
E7
Am
D7
G
C
내 야 할 지 -
야 만 할 지 -
자 꾸 겁 - 이 - 나 는 - 걸
정 말 알 - 수 - 없 는 - 걸 -

25
D   D7   G   D
내 가 바 보 같 아 서 -   바 라   볼 수 밖 에 만 없 는 건
TAB

28
Em   Bm   C
아 마 도 -   외 면 할 지 도 모 를 네 마 음 과   또 그 래

31
Bm   Am7   D7(sus4)   D7
서   더 멀 어 질 사 이 가 될 까 봐   정 말 바 보

34
G   D   Em
같 아 서 - - 사 랑   한 다 하 지 못 하 는 건 아 마 도 -   만 남

37
Bm   C   Bm7   E7
뒤 에 기 다 리 는 아 픔 에   슬 픈 나 날 들 이 -

NO COPY

40 Am D 1. G
두 려 워 서 인 - 가 - 봐 -

42 D7 2. G C
봐 - 내 가 바 보

D.S all Coda

44 Bm7 E7
날 들 이 -

46 Am D G
두 려 워 서 인 - 가 - 봐 - - -

48 C D G

보라빛 향기

와블 노래 (강수지/윤상)

드라마 '응답하라 1988' OST

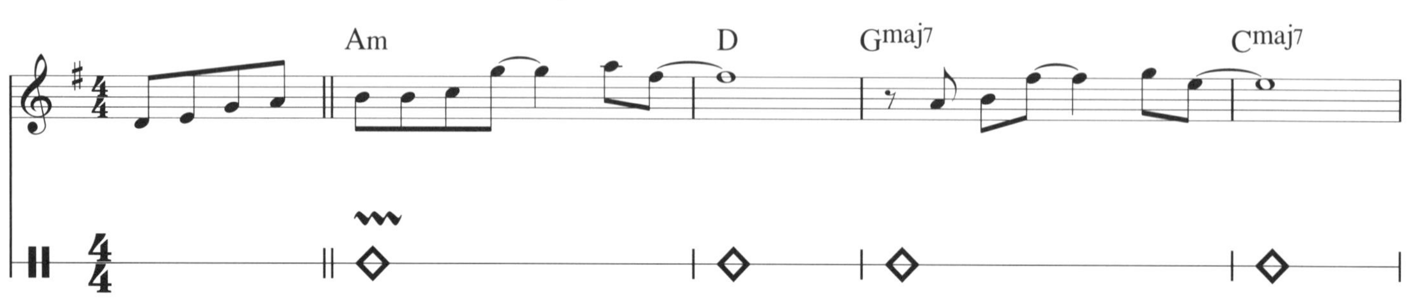

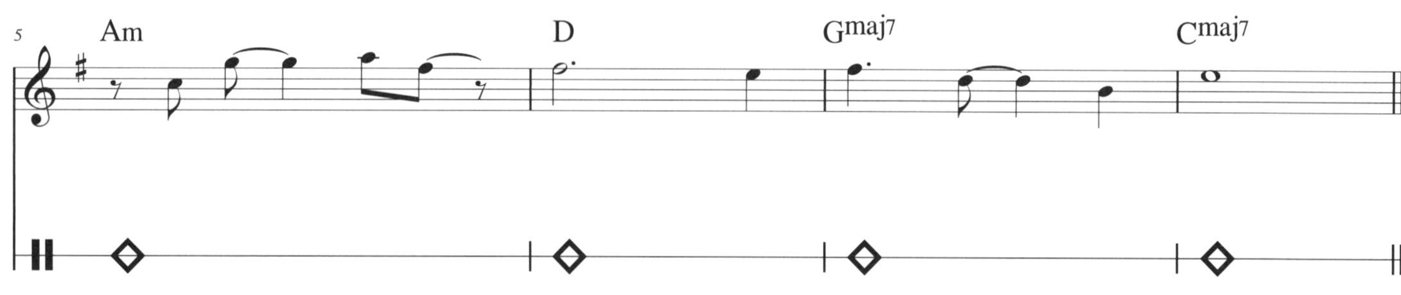

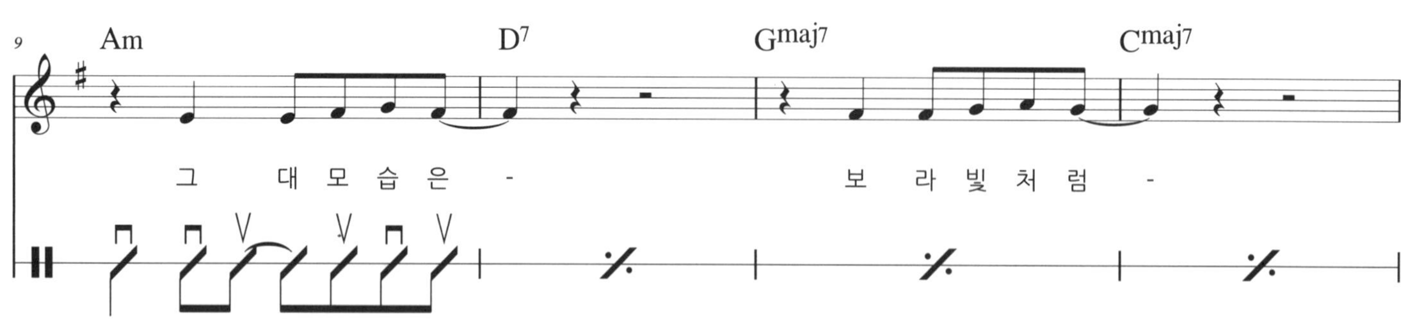

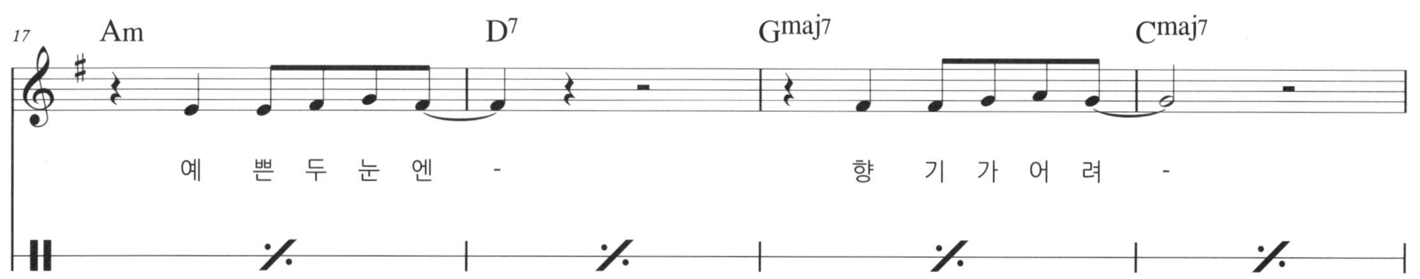

예쁜 두 눈엔 -   향 기 가 어 려 -

잊을 수 - 가 없었 - 네 -

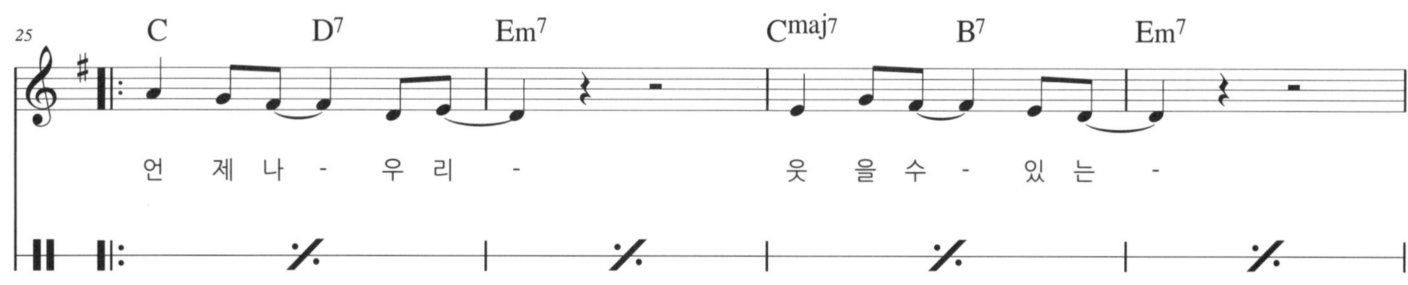

언 제 나 - 우 리 -   웃 을 수 - 있 는 -

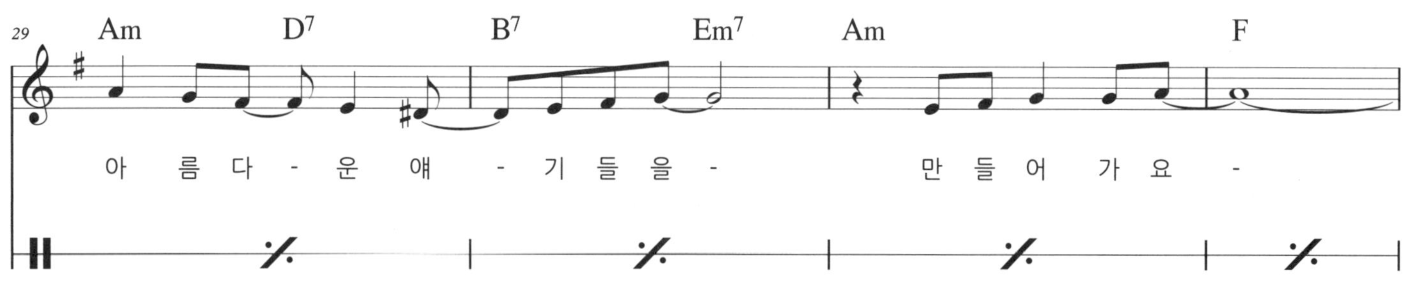

아 름 다 - 운 얘 - 기 들 을 -   만 들 어 가 요 -

- 외 로 움 이 -   다 가 와 도 -   그 대 슬 퍼

Cm   Bm7   Em7   Am
하 지 마   답 답 한 내 맘 이 - 더 아 파 오 잖 아

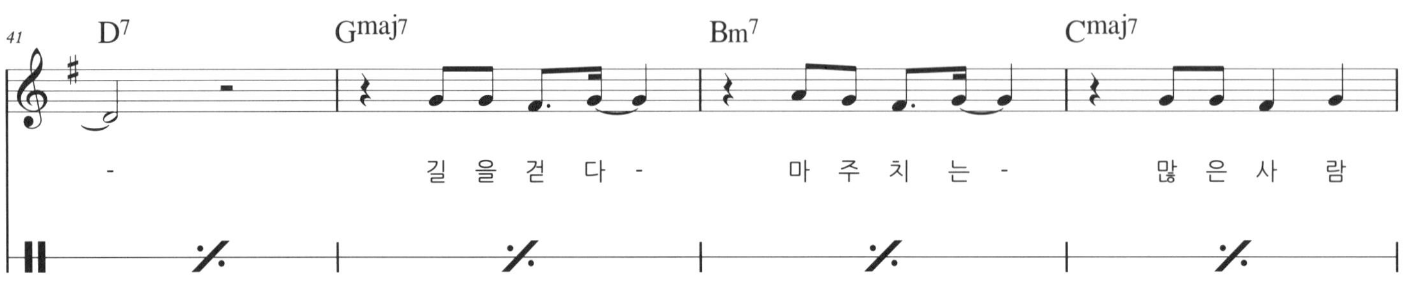
D7   Gmaj7   Bm7   Cmaj7
- 길 을 걷 다 - 마 주 치 는 - 많 은 사 람

Cm   Bm7   E7   Am
들 중 에   그 대 나 에 게 - 사 랑 - 을 건 - 네

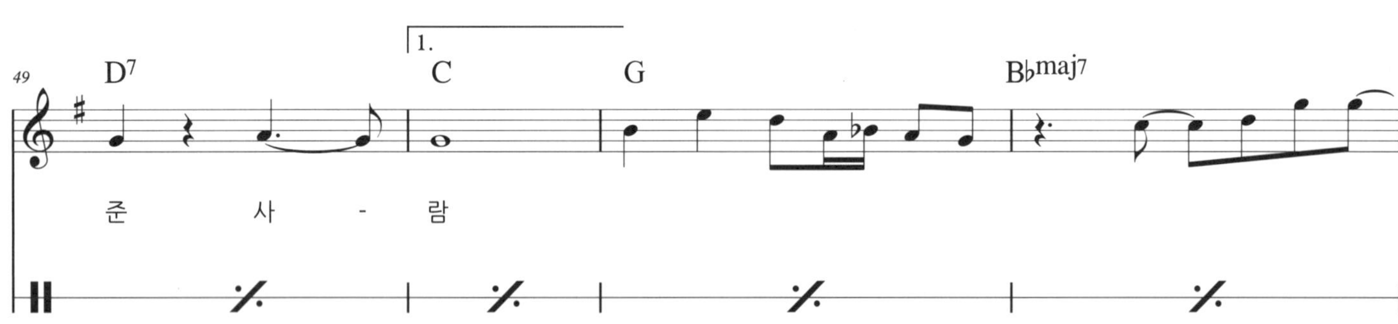
1.
D7   C   G   Bbmaj7
준 사 - 람

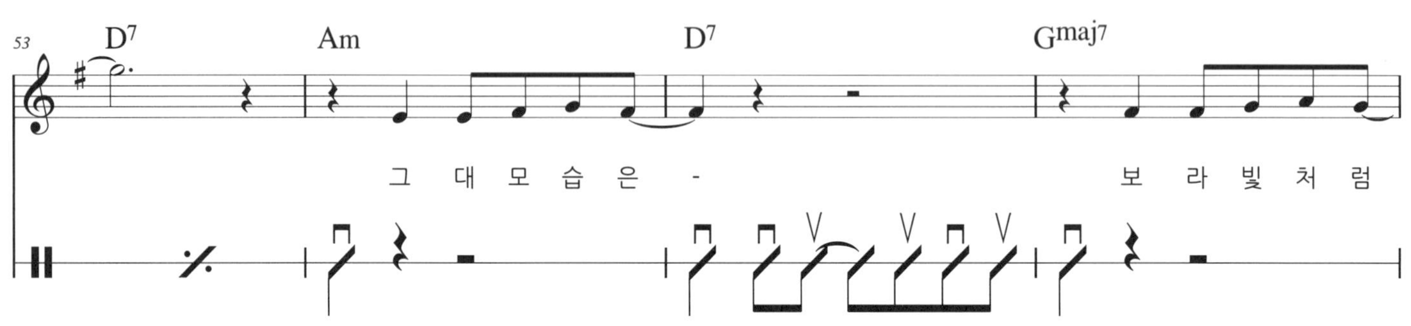
D7   Am   D7   Gmaj7
그 대 모 습 은 - 보 라 빛 처 럼

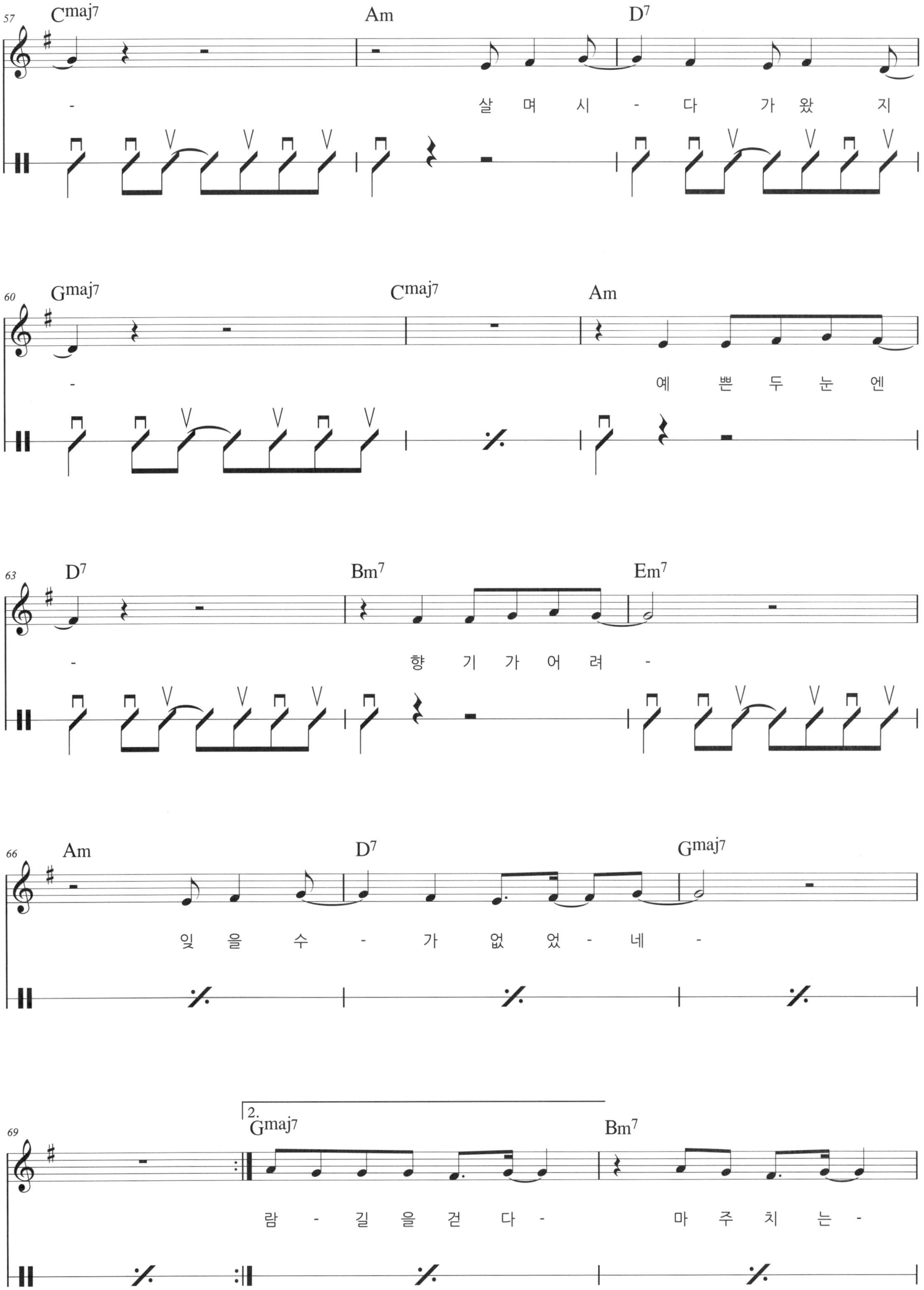
57
Cmaj7
Am
D7
- 살 며 시 - 다 가 왔 지
60
Gmaj7
Cmaj7
Am
- 예 쁜 두 눈 엔
63
D7
Bm7
Em7
- 향 기 가 어 려 -
66
Am
D7
Gmaj7
잊 을 수 - 가 없 었 - 네 -
69
2.
Gmaj7
Bm7
람 - 길 을 걷 다 - 마 주 치 는 -

C maj7
Cm
Bm7
많은 사 람 들 중 - 에   그 대 나 에 게

E7
Am
D7
- 사 랑 - 을 건 - 네 준   사 -

C maj7
G
Gm
Am
G
람   사 랑 - 을 건 - 네 준   사 -

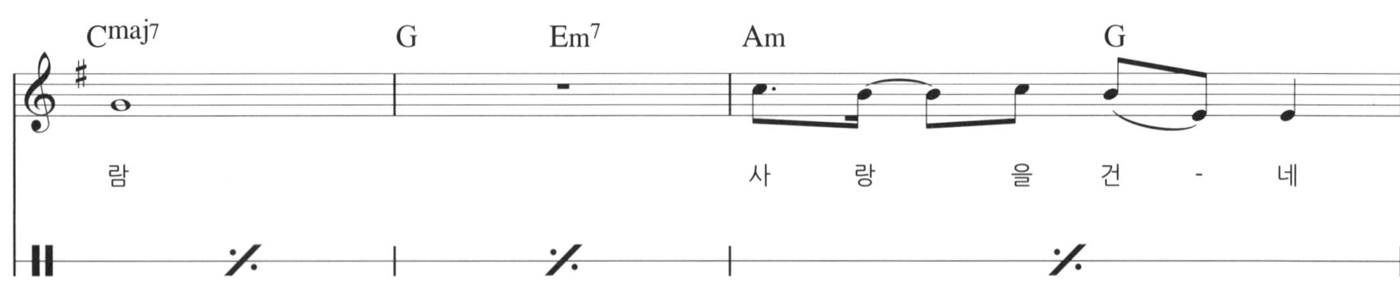

C maj7
G
Em7
Am
G
람   사 랑 을 건 - 네

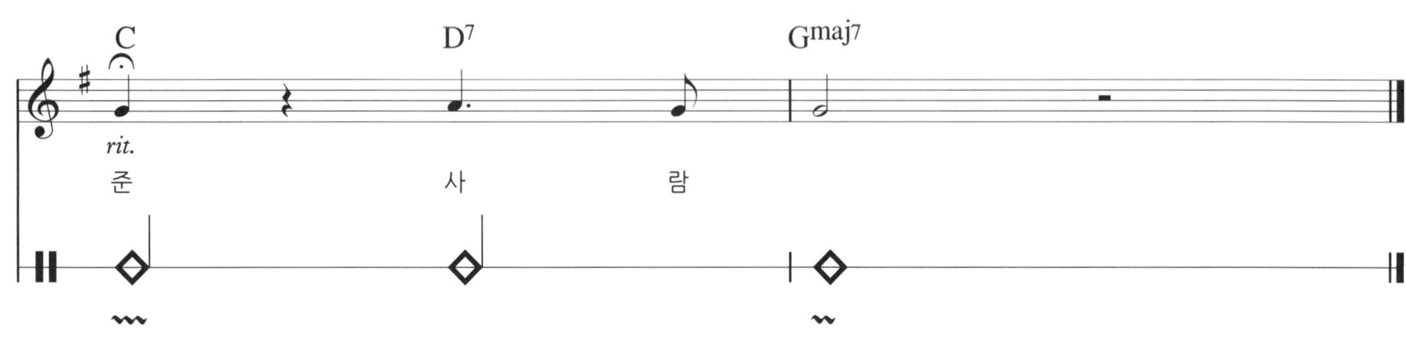

C
D7
G maj7
rit.
준   사   람

소녀

이문세 노래 (이영훈/이영훈)

드라마 '응답하라 1988' OST

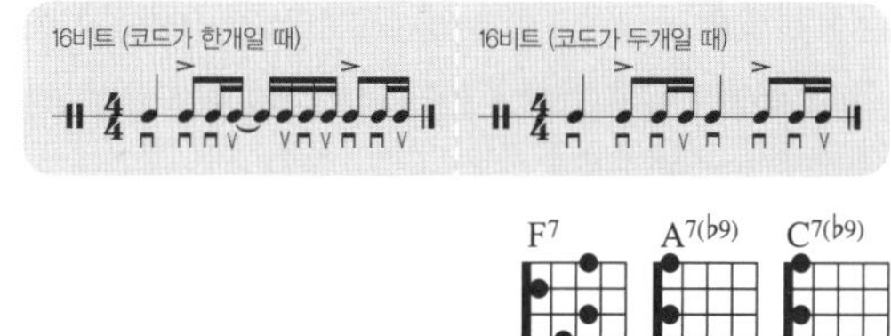

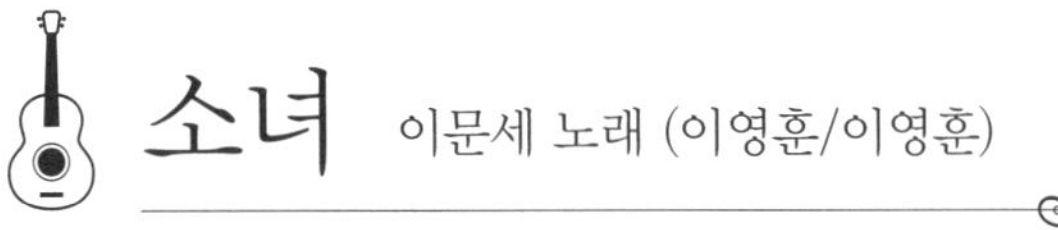

61

길   그 대 무 지 개 - 를   찾 아 올 순   없 어 - 요

노 을 진   창 가 에 앉 아   멀 리   떠 가 는 구 름 을 - 보

면   찾 고 싶 은 -   옛 생 각 들

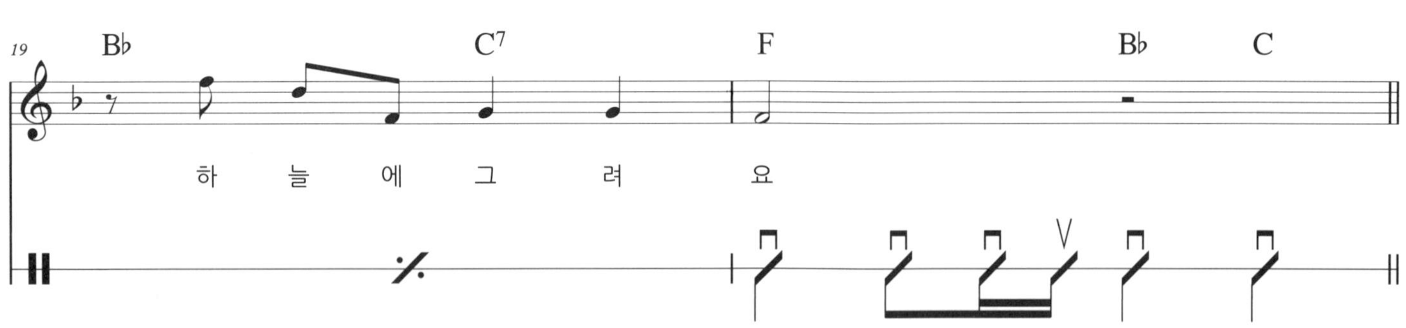
하 늘 에 그 려 요

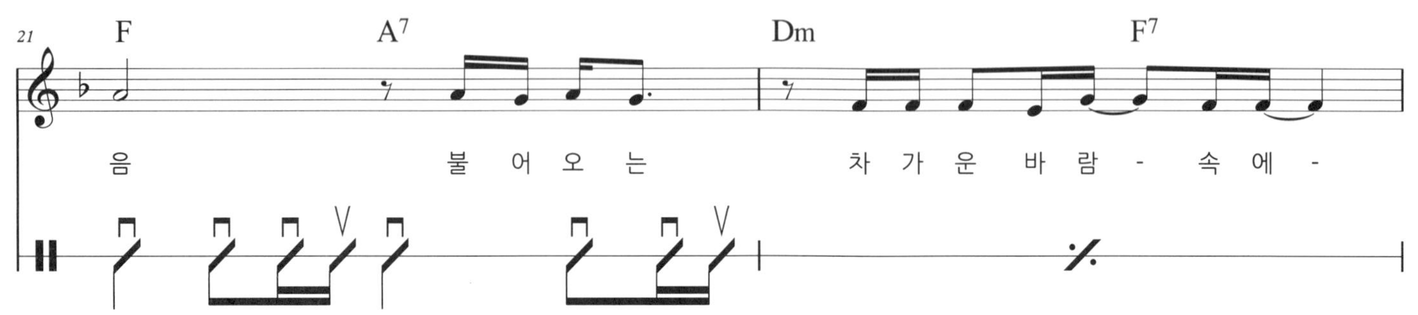
음   불 어 오 는   차 가 운 바 람 - 속 에 -

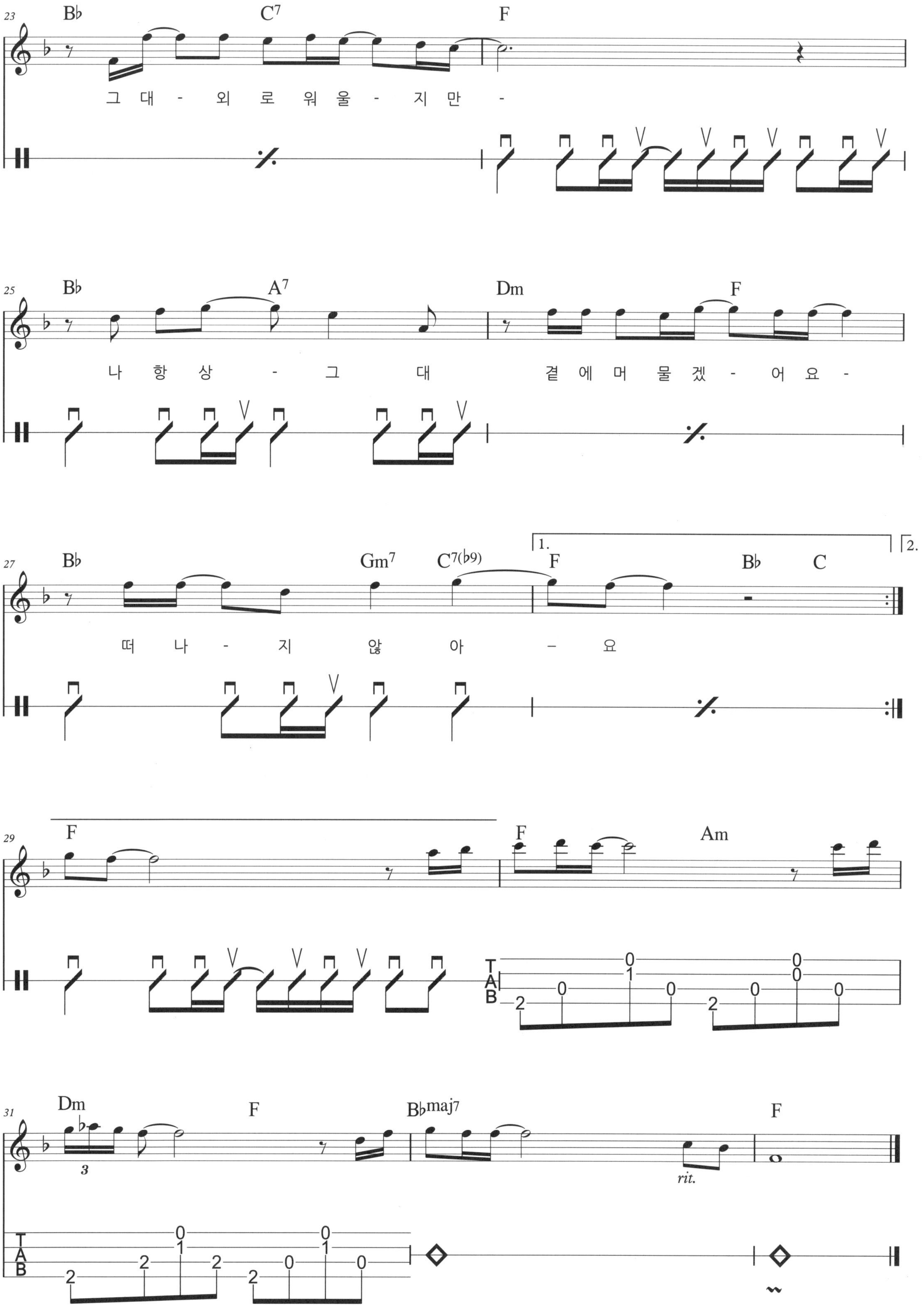
B♭ C7 F
그 대 - 외 로 워 울 - 지 만 -
B♭ A7 Dm F
나 항 상 - 그 대 곁 에 머 물 겠 - 어 요 -
B♭ Gm7 C7(♭9) F B♭ C
1.
2.
떠 나 - 지 않 아 - 요
F F Am
Dm F B♭maj7 F
rit.

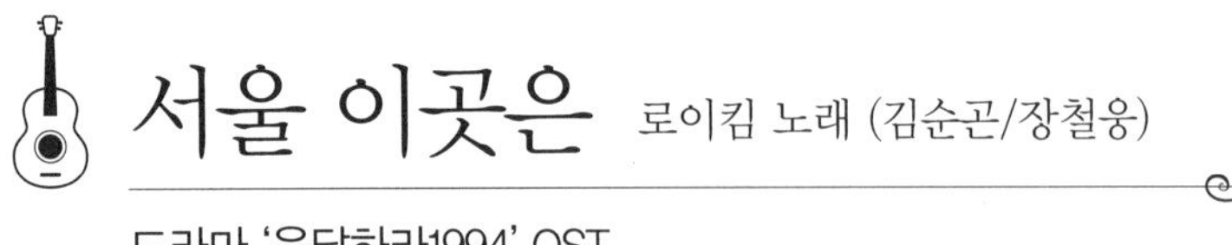

서울 이곳은

로이킴 노래 (김순곤/장철웅)
드라마 '응답하라1994' OST

16비트 (코드가 한개일 때)
16비트 (코드가 두개일 때)

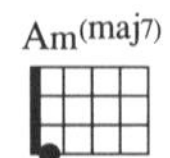

Am(maj7)

G
C
아 무 래 도 난 - 돌 아 가 야 겠 어 - 이 곳 은

D
G
나 에 게 - 어 울 리 지 않 아 -

Cmaj7
Bm7
Em7
화 려 한 유 혹 - 속 에 서 - 웃 고 - 있 지 만 -

Am7
D7(sus4)
G
Em7
모 든 것 이 낯 설 기 만 해 -

Cm
G
Em
외 로 움 에 - 길 들 여

Am
Am(maj7)
Am7
Am(maj7)
D7(sus4)
D7
진 후 로 -
차 라 리 혼 자 가 -
마 음 편 한 것 을

Dm7
G7
Cmaj7
-
어 쩌 면 너 는 - 아 직 도

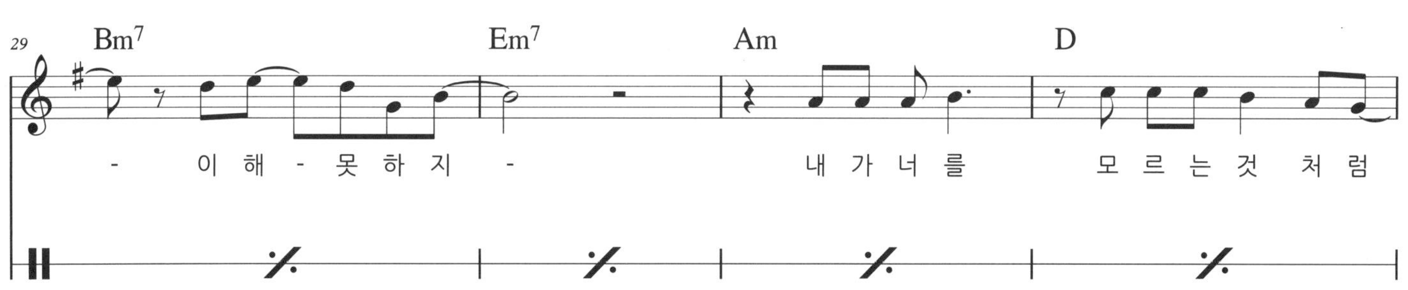

Bm7
Em7
Am
D
- 이 해 - 못 하 지 -
내 가 너 를
모 르 는 것 처 럼

G
G7
Cmaj7
C
-
언 제 나
선 택 이 란
하 지 만
언 젠 가 는

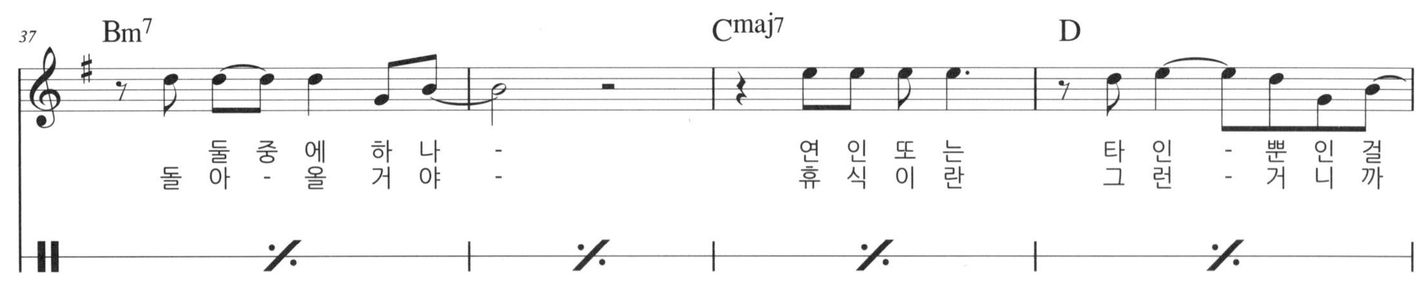
37
Bm7
Cmaj7
D
둘 중에 하나 -
돌 아 - 올 거야 -
연 인 또 는
휴 식 이 란
타 인 - 뿐 인 걸
그 런 - 거 니 까

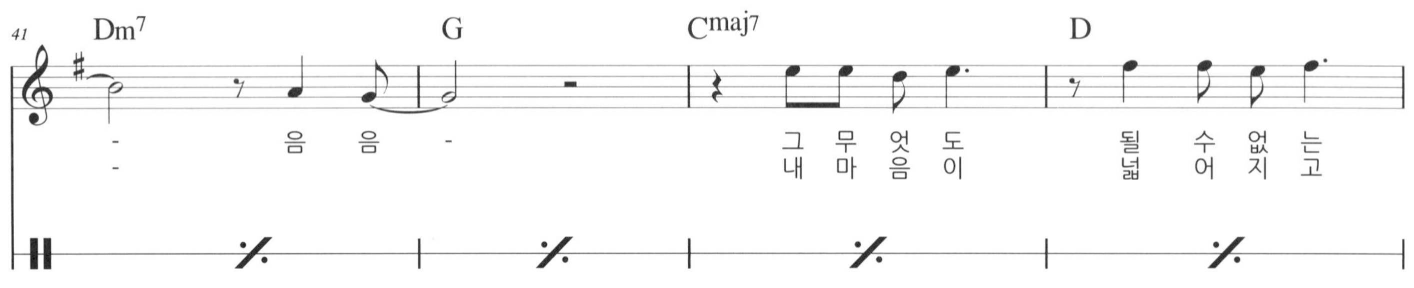
41
Dm7
G
Cmaj7
D
- 음 음 -
그 무 엇 도
내 마 음 이
될 수 없 는
넓 어 지 고

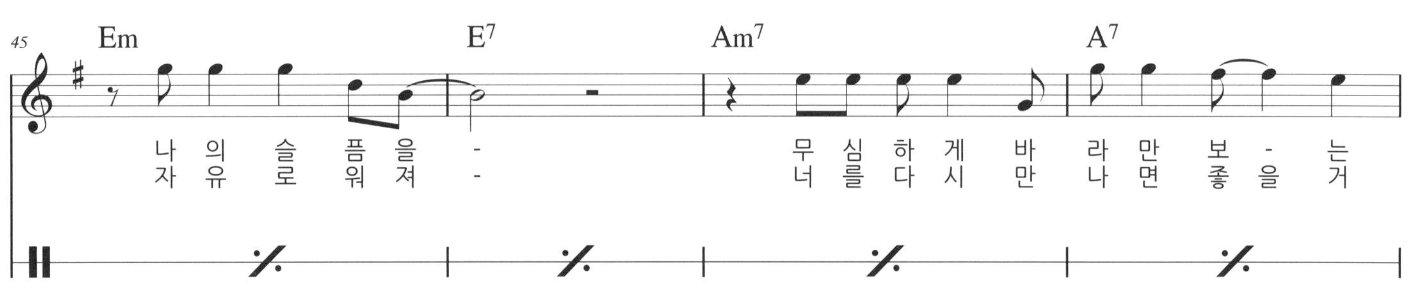
45
Em
E7
Am7
A7
나 의 슬 픔 을 -
자 유 로 워 져 -
무 심 하 게 바 라 만 보 - 는
너 를 다 시 만 나 면 좋 을 거

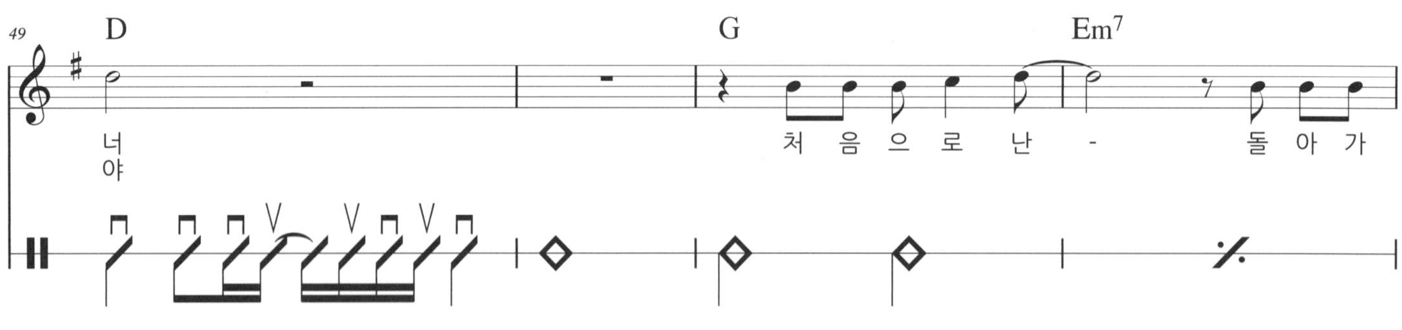
49
D
G
Em7
너
야
처 음 으 로 난 -
돌 아 가

53
Am7
Am(maj7)
Am7
Am(maj7)
D7(sus4)
D7
야 겠 어 -
힘 든 건 모 두 가 -
다 를 게 없 지 만

57
Dm7
G
Cmaj7
나 에 게 필 요 한 - 것 은

61
Bm7
Em7
1.
Am7
D
휴 식 - 뿐 이 야 -
약 한 모 습
보 여 서 - 미 안

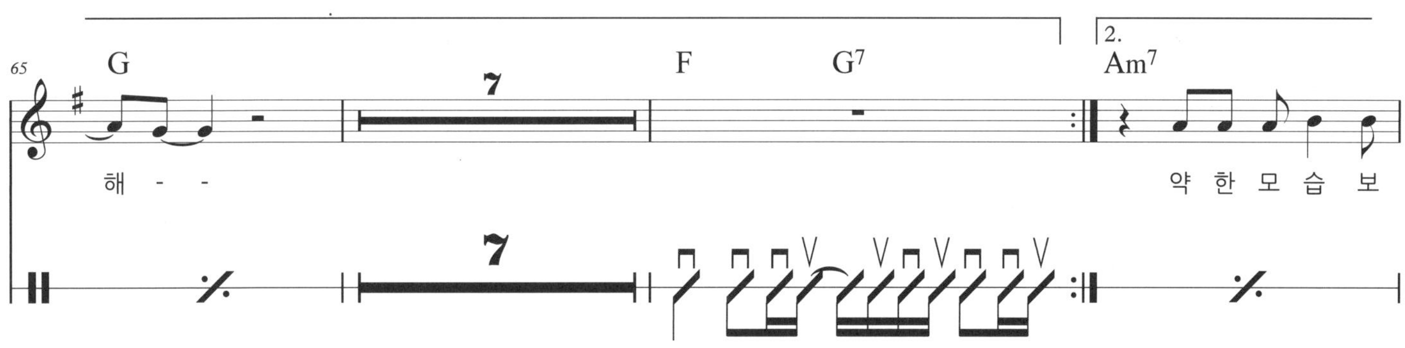

65
G
F
G7
2.
Am7
해 - -
약 한 모 습 보

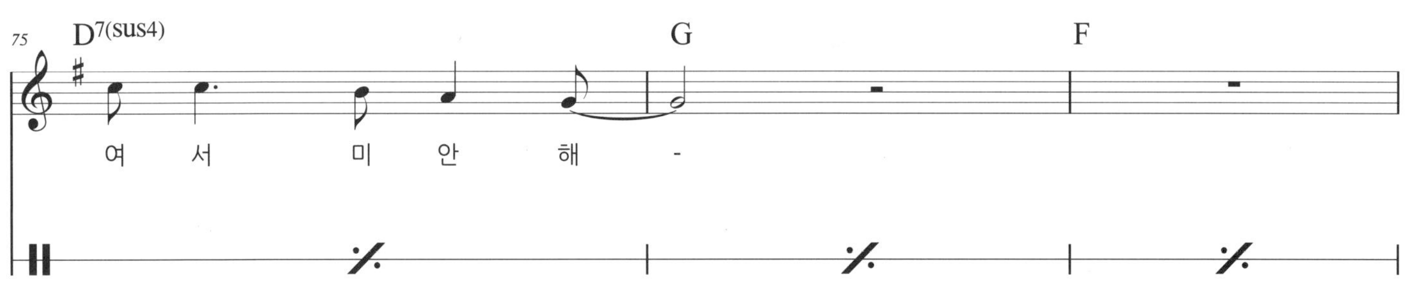

75
D7(sus4)
G
F
여 서 미 안 해 -

78
Am
Cm
약 한 모 습
보 여 서 - 미 안 해

아마도 그건

박보영 노래 (박병규/박병규)

영화 '과속스캔들' OST

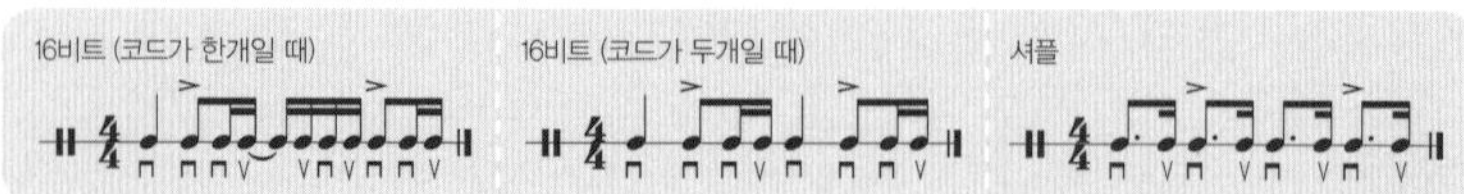

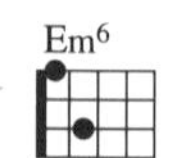

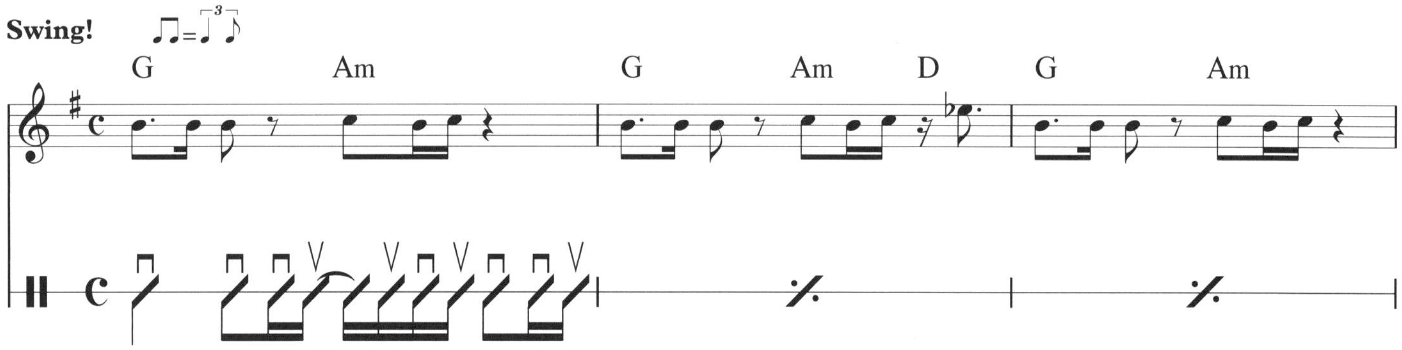

G Em Am D Em Am D7
그 마음을 알아 버 - 렸네 - - 그대 눈에 비친나의모습을

G D7 G Em Am D
- 아마도 - 그건사랑이었 을 - 거야 - 돌아

Em Am D7 G Em
보면 아쉬운그날들이 - - - - - 자꾸만 - 아픔으로내게

Am D Em Cm G B7
찾 - 아와 - 떨리는가슴 - 나를슬프게하네 - 차가

Em Bm7 C Am7
운 내마음에남은 너의뒷 - 모습 열린문틈으 - 로너는내 - 게

D7
Em
Bm7
다 가 올 것같아 - 한참을 - 멍하니문만 - 바라 - - 보다 - - - 아침

C
Am7
D7
G
Em
햇살에 - 눈을뜨고 말았네 - 사랑 그것은 - 엇갈린너와나의

Am7
D
Em7
Am7
D7
- 시 간 들 - - 스산한바람 - 처럼 지나쳐갔네 - - - - - - 사랑

G
Em
Am7
D
Em7
Em6
그 것은 - 알수없는나의 그리움 - - 남 아 있 는 나의깊은미련들

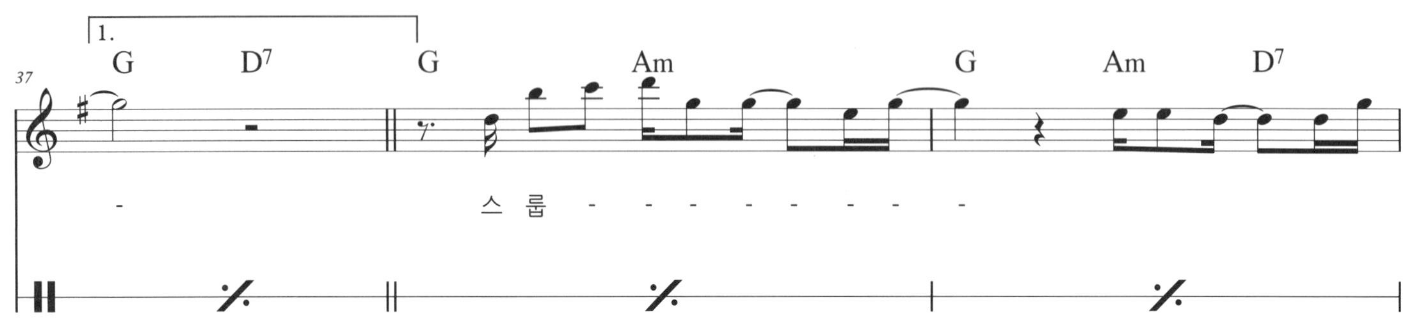
1.
G
D7
G
Am
G
Am
D7
- 스 룹 - - - - - - -

40
G Am G Am D7
차 가 운

2.
G D7 G G Em
D.S al Coda
사 랑   스 룹 - - - - - -

G Am D7 G Am G Am D7

G Am G Am D7 G Am

G Am D7 Gmaj7

NO COPY

사랑하자

SG워너비 노래 (김세진, 지훈/김세진, 개미)

드라마 '태양의 후예' OST

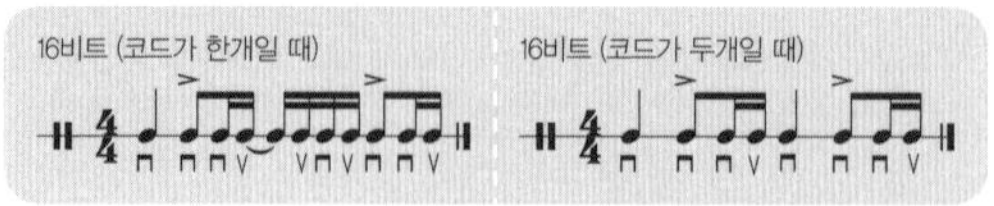

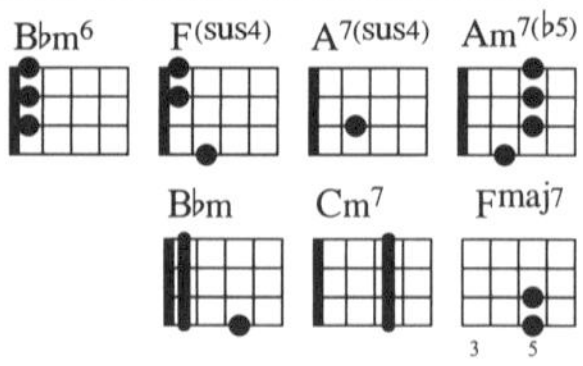

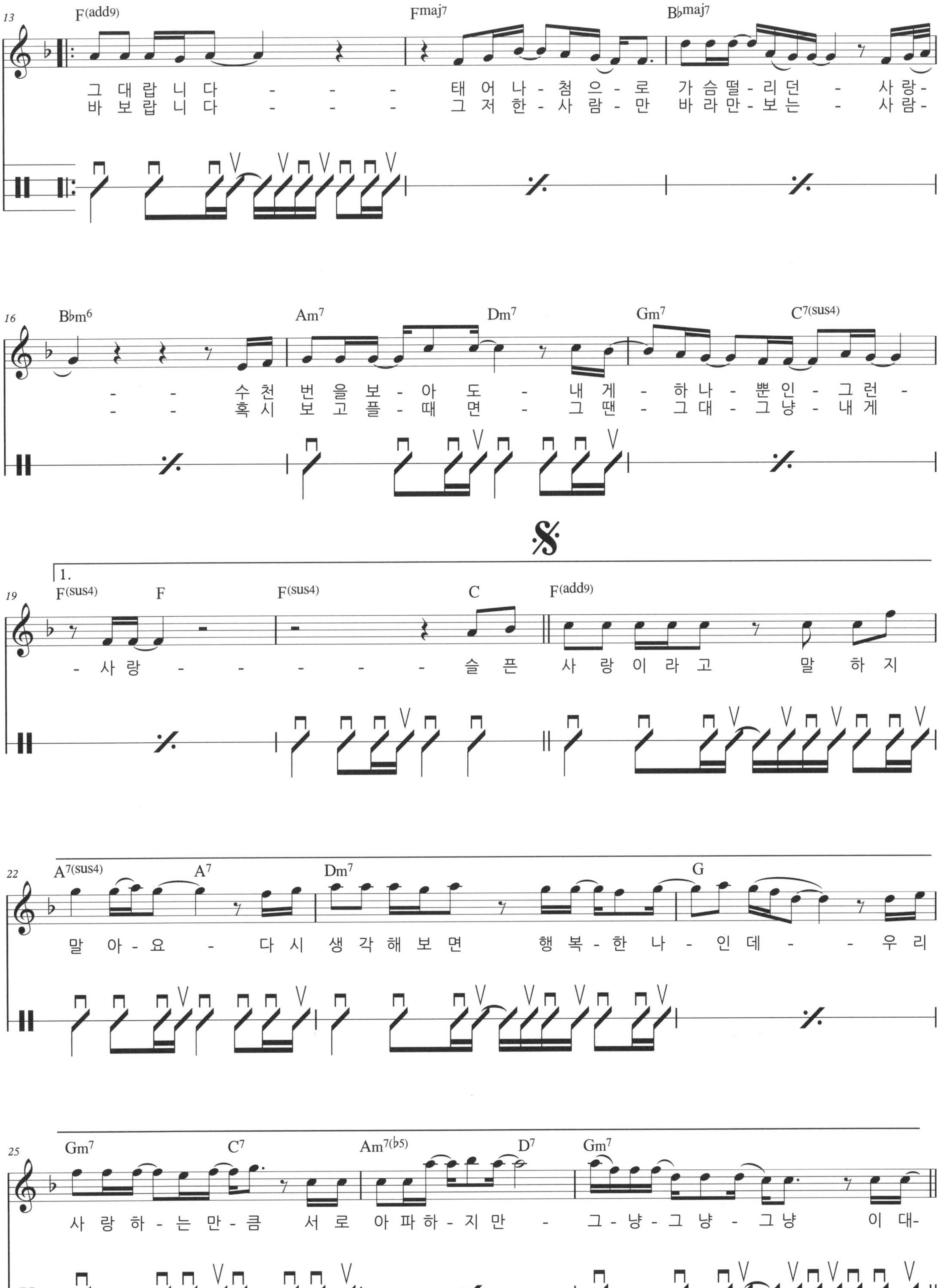
13
F(add9) Fmaj7 B♭maj7
그 대 랍 니 다 - - - 태 어 나 - 첨 으 - 로 가 슴 떨 - 리 던 - 사 랑-
바 보 랍 니 다 - - - 그 저 한 - 사 람 - 만 바 라 만 - 보 는 - 사 람-
16
B♭m6 Am7 Dm7 Gm7 C7(sus4)
- - 수 천 번 을 보 - 아 도 - 내 게 - 하 나 - 뿐 인 - 그 런 -
- - 혹 시 보 고 플 - 때 면 - 그 땐 - 그 대 - 그 냥 - 내 게
1.
19
F(sus4) F F(sus4) C F(add9)
- 사 랑 - - - - - 슬 픈 사 랑 이 라 고 말 하 지
22
A7(sus4) A7 Dm7 G
말 아 - 요 - 다 시 생 각 해 보 면 행 복 - 한 나 - 인 데 - - 우 리
25
Gm7 C7 Am7(♭5) D7 Gm7
사 랑 하 - 는 만 - 큼 서 로 아 파 하 - 지 만 - 그 - 냥 - 그 냥 - 그 냥 이 대-

NO COPY

28
C7
Bbm
F(add9)
-로 - - 사 랑 하 자

2.
31
Bb
F   C
C7(sus4)
Bbmaj7
와 요 - 슬 픈 - 로 - - 사 랑 하 자 - 그 댈 볼 수 없 - 단 걸 -
D.C al Coda

34
A7(b9)
Dm7
Cm7
- 죽 음 보 다 더 - 내 - 게 가 장 무 서 - 운 일 -

36
Bbmaj7
F
Gm7
- 인 데 - - 나 의 곁 에 있 - 어 요 - - - 떠 나

38
C7
가 지 말 아 - - 요

40
F(add9)
A7(sus4)
사 랑 입 니 다　　평 생 을 바 쳐 도 아 깝
3

42
Dm7
G
지 않 을 사 람　　그 대 일 테 니 까 우 리

44
Gm7
C7
Am7(♭5)
D7
사 랑 하 는 만 큼　서 로 아 파 하 지 만
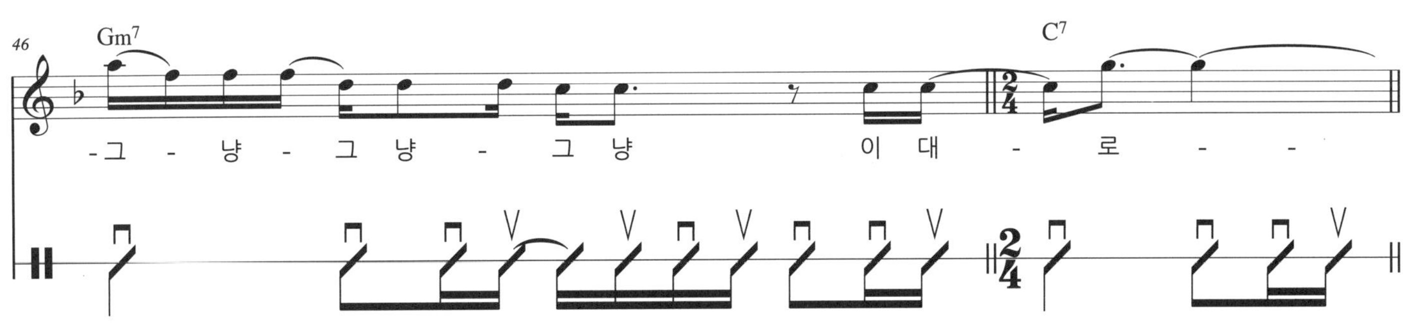
46
Gm7
C7
그 냥 그 냥 그 냥 이 대 로
2/4
2/4
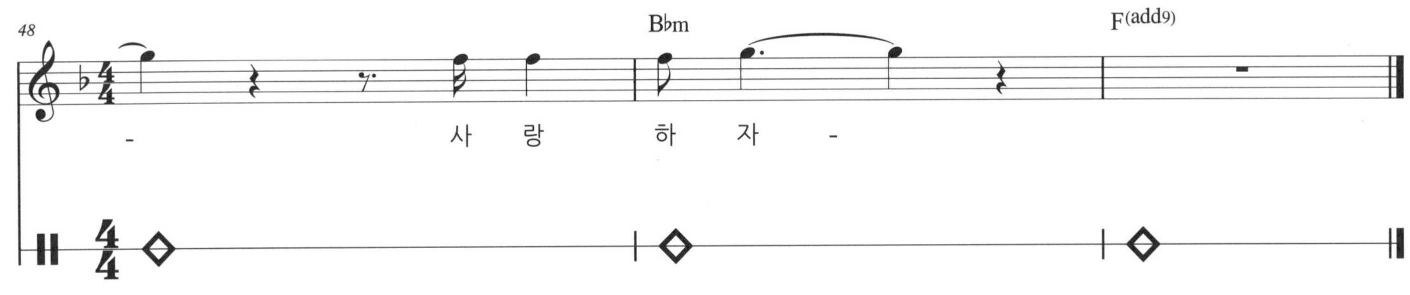
48
B♭m
F(add9)
사 랑 하 자
4/4
4/4

이사랑

다비치 노래 (개미, 지훈/한승택, ROZ)

드라마 '태양의 후예' OST

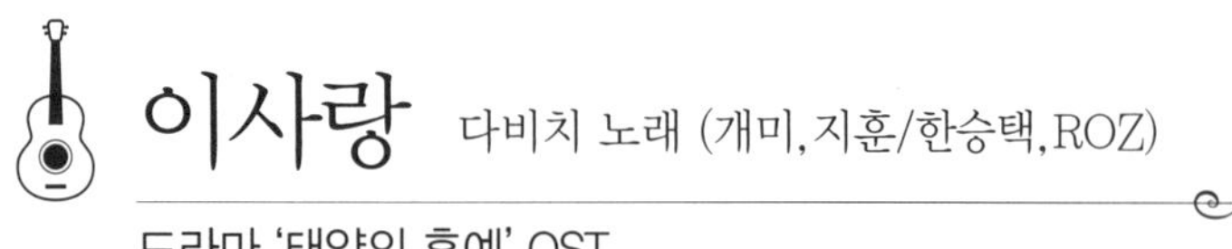

F#m   C#m7   D   A   F#m   B
난말야 - 너의밖 - 에선살 - 수없어 내겐너 - 하나로물든시 - 간 - 만이

Bm   E7   A   C#7   D   Dm
흘러갈뿐 - 이 - 야 - 사랑해요 - 고마워요 - 따 - 뜻하 - 게나를안아줘이

1. Bm7   E7   A   Gmaj7   F#m   E7
3
사랑땜에 나는살수 - 있어   사랑

A   C#m7   D   A   F#m   C#m7
은그런 - 가봐 - 무슨말을해 - 봐도 - 채워지지않 - 은것 - 같은 - 마

B   E7   A   C#7   D   Dm
음이드 - 나 - 봐 - 내욕심이 - 라고 다시생각을해 - 봐도 -

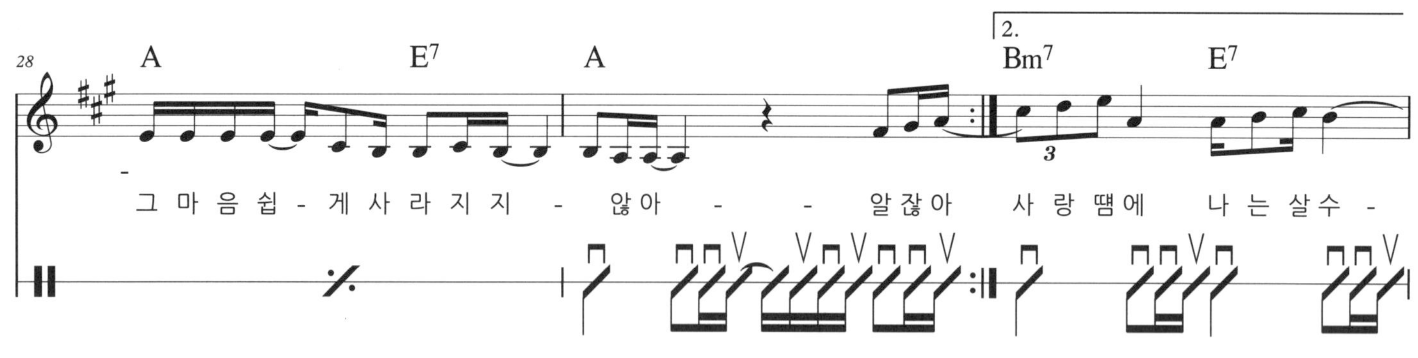
28
A   E⁷   A   2.   Bm⁷   E⁷
그 마음 쉽-게 사라지지 - 않아 - - 알잖아 사 랑 땜에 나 는 살 수 -
3

Dmaj7   C#m7   F#m   Bm7   E7
있 어-돌아 가 도 다-시 견 딜 수 있-을 까-   너 무 힘 들던-시

Em7   A   Dmaj7   E7   C#m7   F#m
간 들 -   흔 들 리 지 않-은 너 를 볼-때 면 - - 떨

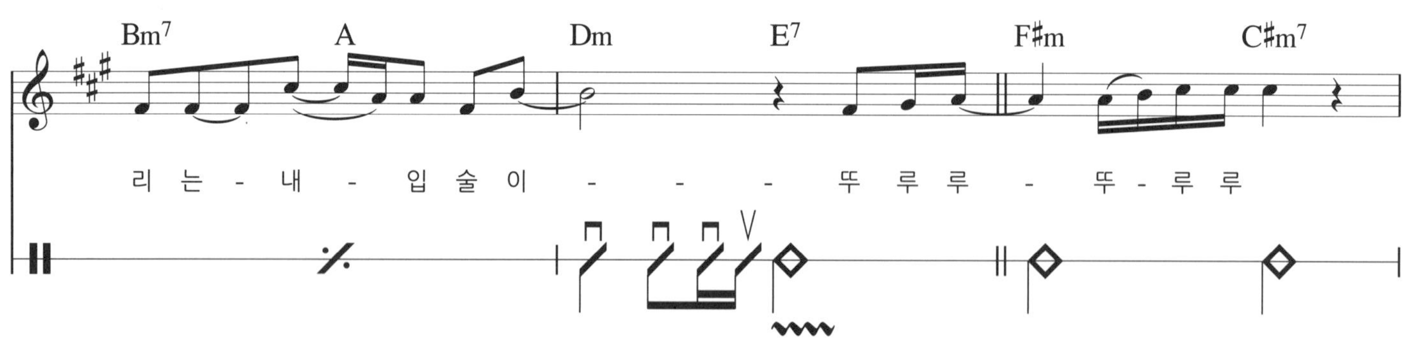
Bm7   A   Dm   E7   F#m   C#m7
리 는-내-입 술 이- - -   뚜 루 루 - 뚜 - 루 루

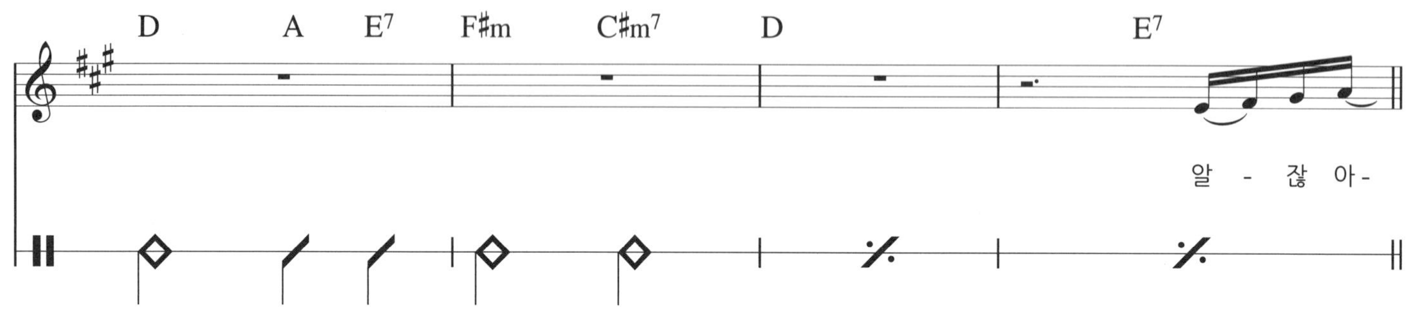
D   A   E7   F#m   C#m7   D   E7
알 - 잖 아-

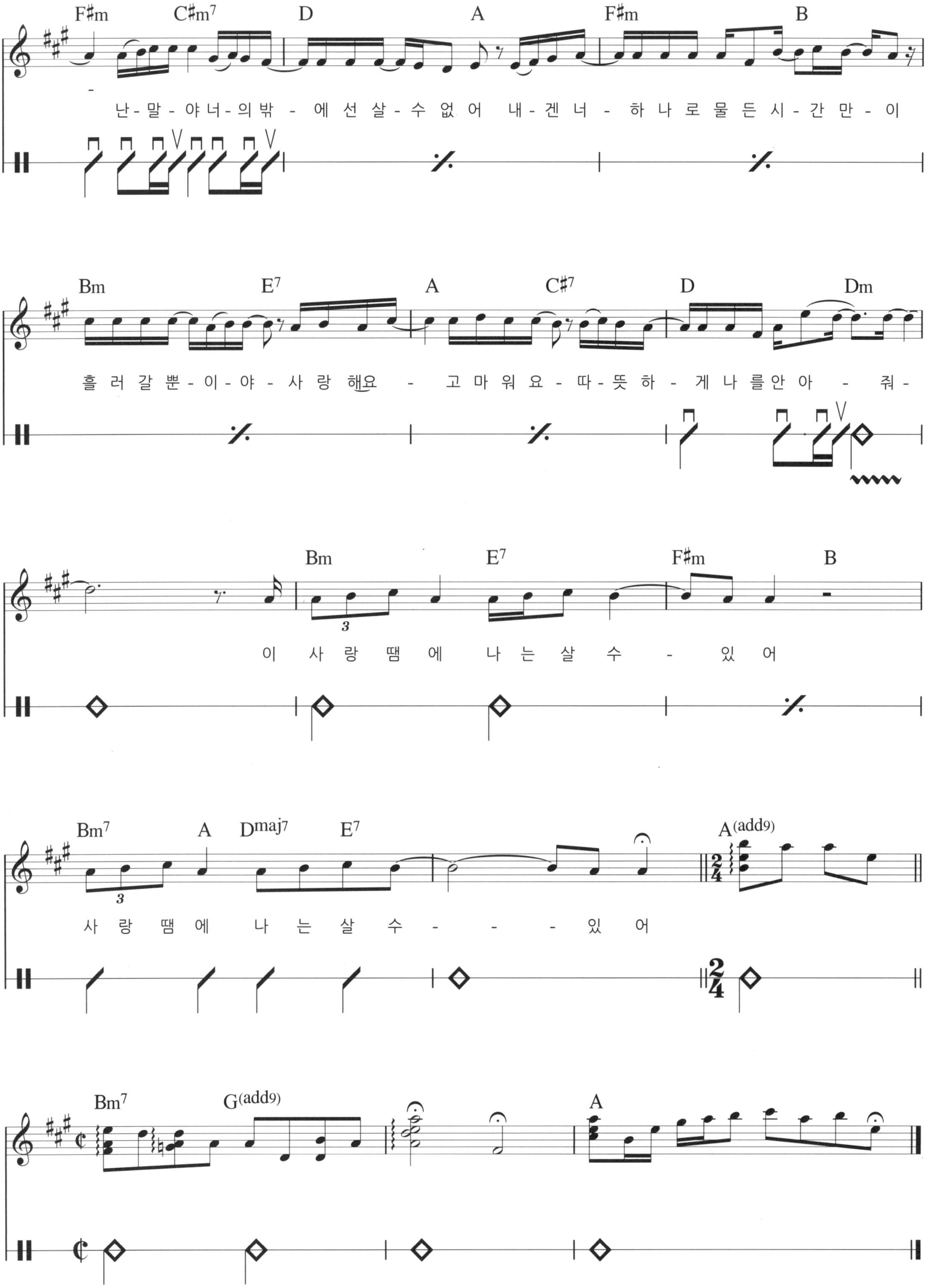
F♯m C♯m7 D A F♯m B
난 - 말 - 야 너 - 의 밖 - 에 선 살 - 수 없 어 내 - 겐 너 - 하 나 로 물 든 시 - 간 만 - 이
Bm E7 A C♯7 D Dm
흘 러 갈 뿐 - 이 - 야 - 사 랑 해요 - 고 마 워 요 - 따 - 뜻 하 - 게 나 를 안 아 - 줘 -
Bm E7 F♯m B
이 사 랑 땜 에 나 는 살 수 - 있 어
Bm7 A Dmaj7 E7 A(add9)
사 랑 땜 에 나 는 살 수 - - - 있 어
Bm7 G(add9) A

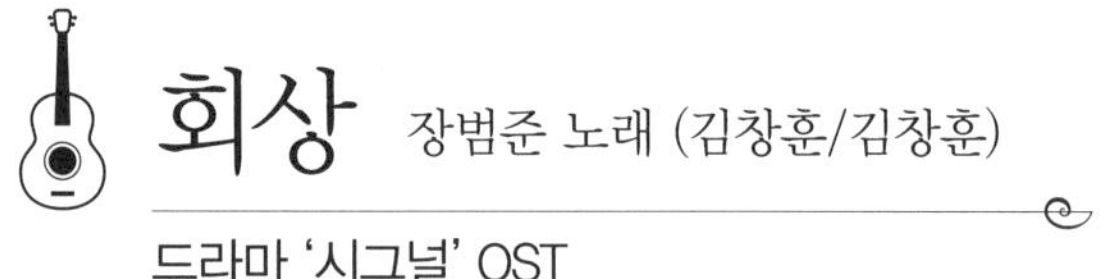

회상
장범준 노래 (김창훈/김창훈)
드라마 '시그널' OST

16비트 (코드가 한개일 때)
16비트 (코드가 두개일 때)

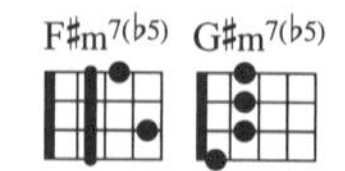

F#m7(♭5)
G#m7(♭5)

D D7   G E7   D Bm7
길을걸었지 누군가옆에있다고 느꼈을때 – 나는알아버렸

E7   A7   D   D7   G   E7
네   이미그대떠난후라는걸 – 나는혼자걷고있던거지 –

D   A7   D   A7   D   D7
갑자기 – 바람이차가와지 – 네 – 마음은얼 – 고 – – 나는그곳에서

G E7   D Bm7   E7 A7   D   D7   3
서 – – 조금도 – 움직일수없었 – 지 – 마치얼어버린사람처럼 – 나는놀라서

NO COPY

14
G   E7   D   A7   D   D7
있던거지 -   달빛이 - 숨어흐느끼고있 - 네 -

17
Gmaj7   D   Gmaj7   Em7
음   떠나버린 그사람 -   음   생각나네

20
A7   D7   Gmaj7   F#m   Bm7
-          음   돌아선 그사람 -
3

23
G   E7   A7(sus4)   A7   D   D7
음   생각나네 -   묻지않았지   왜나를떠나느냐

26
G   E7   D   Bm7   E7   A7
고 - - 하지만 -   마음너무아팠 - 네 -   이미그대돌아

29
D   F#m7(♭5)   G   E7   D   A7
서 있 던 걸 –   혼 자 어 쩔 수 없 었 지 –   미 운 건 – 오 히 려 나 –

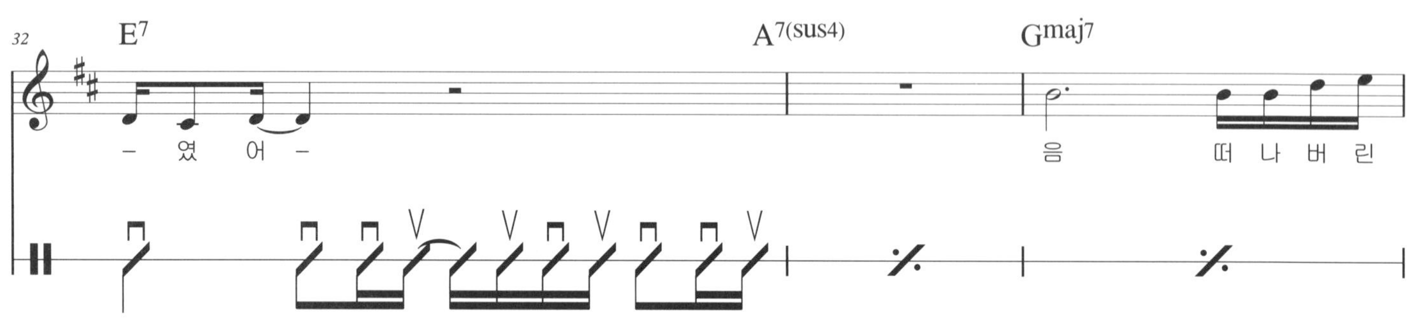
32
E7   A7(sus4)   Gmaj7
– 였 어 –   음   떠 나 버 린

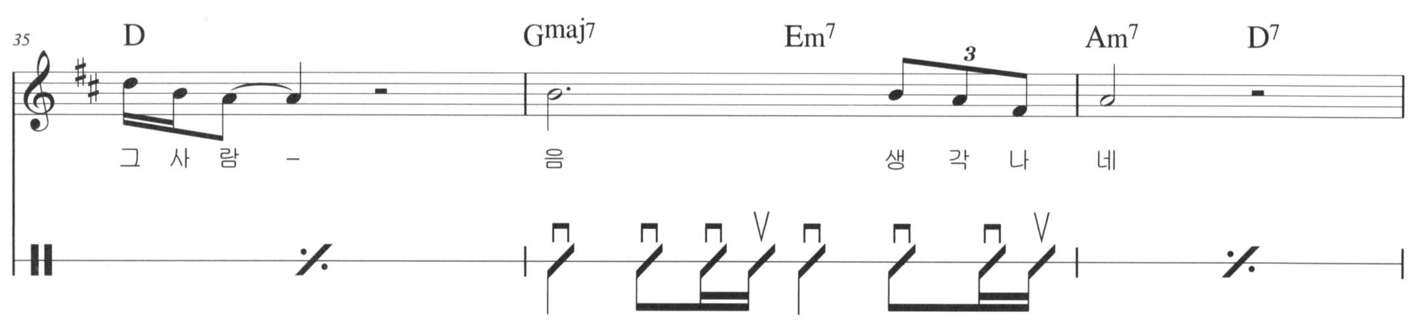
35
D   Gmaj7   Em7   Am7   D7
그 사 람 –   음   생 각 나 네

38
Gmaj7   Em7   F#m   Bm7   G   E7
음   돌 아 선 그 사 람 –   음   생 각 나 네

41
A7(sus4)   A7   Gmaj7   D
–   길 을 걸 었 지   누 군 가 옆 에 있 다 고   느 꼈 을 땐

NO COPY

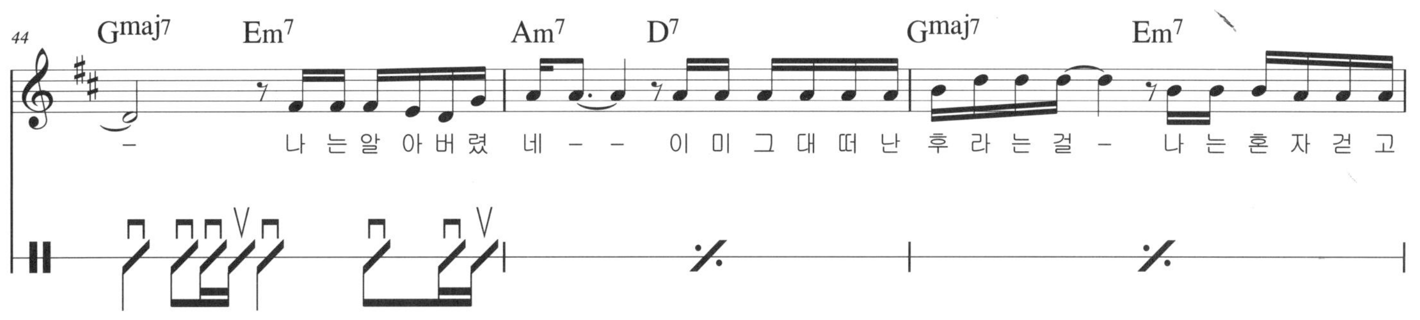
나는알아버렸네 이미그대떠난후라는걸 나는혼자걷고

있었던거지 갑자기 바람이차가와지 네 묻지않았

지 왜나를떠나느냐고 하지만 마음너무아팠네 이미그대돌아

서있는걸 혼자어쩔수없었지 미운건 오히려나 였어

갑자기 바람이차가와지네

NO COPY

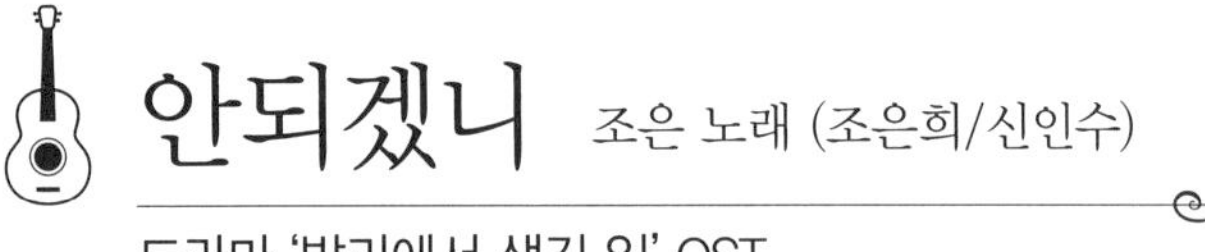

안되겠니
조은 노래 (조은희/신인수)
드라마 '발리에서 생긴 일' OST

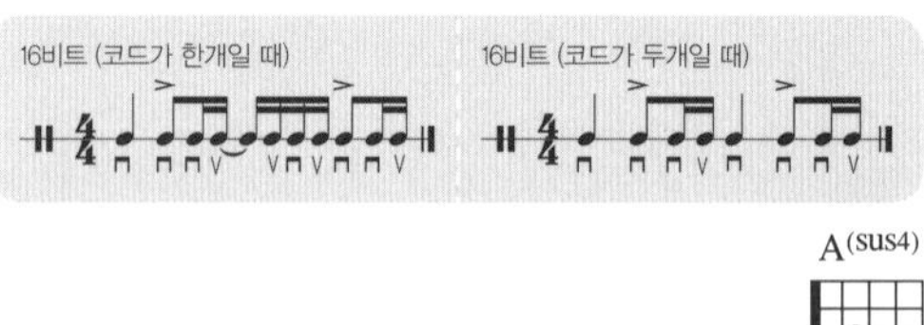

16비트 (코드가 한개일 때)
16비트 (코드가 두개일 때)
A(sus4)

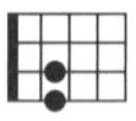

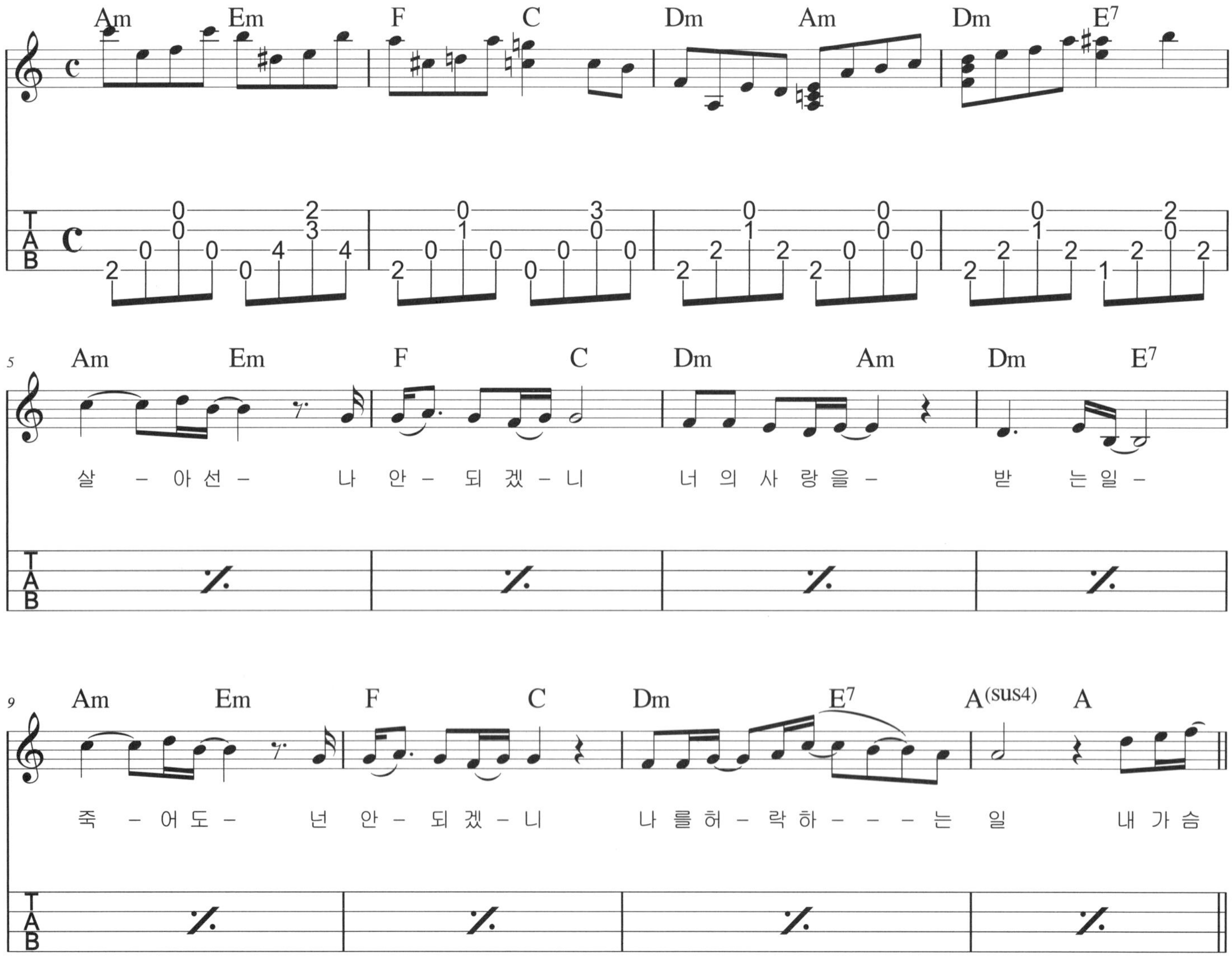

살 – 아선 – 나 안 – 되겠 – 니 너의 사 랑을 – 받 는일 –
죽 – 어도 – 년 안 – 되겠 – 니 나를허 – 락하 – – – 는 일 내 가슴

NO COPY

13
Dm   G   Cmaj7   F   Dm   E7
－ 이하 － － 는 말 －   세 상 울 릴 듯 한 － 데 －   단 한 사 람 왜 － 넌 듣 － － 지 못
가 고 싶 － － 지 만 －   되 돌 리 고 싶 지 － 만 －   이 젠 처 － 음 으 로 － － 가 는 길

16
Am   A7   Dm   G   Cmaj7   F
－ － 하 는 － 거 니 －   잠 시 머 물 다 － 가 － 는   니 가 슴 때 － － 문 에 －   차 마
－ － 은 난 몰 라 －   행 복 하 고 싶 － 어 도   너 없 는 행 － － 복 은 －   내 겐

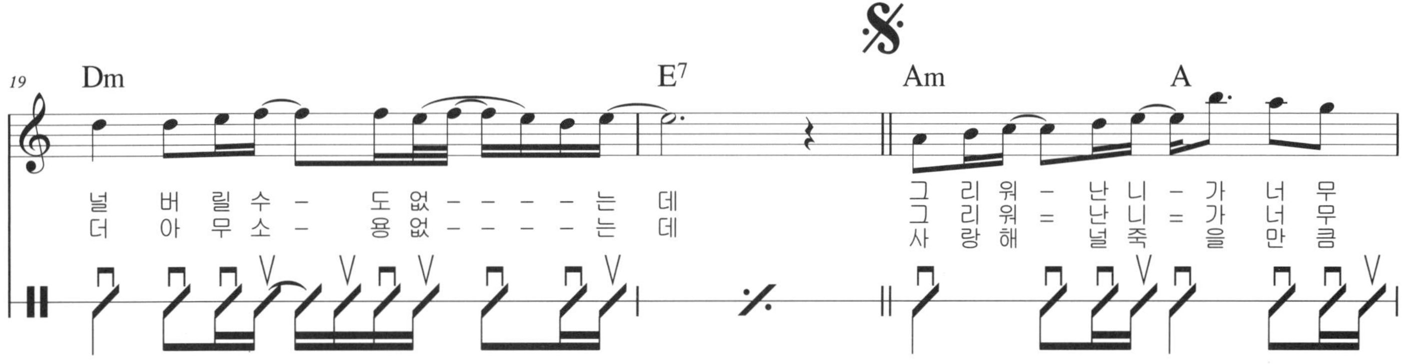

19
Dm   E7   Am   A
널 버 릴 수 － 도 없 － － － － － 는 데   그 리 워 ＝ 난 니 － 가 너 무 크 ㅁ
더 아 무 소 － 용 없 － － － － － 는 데   사 랑 해 널 죽 ＝ 을 만 큼

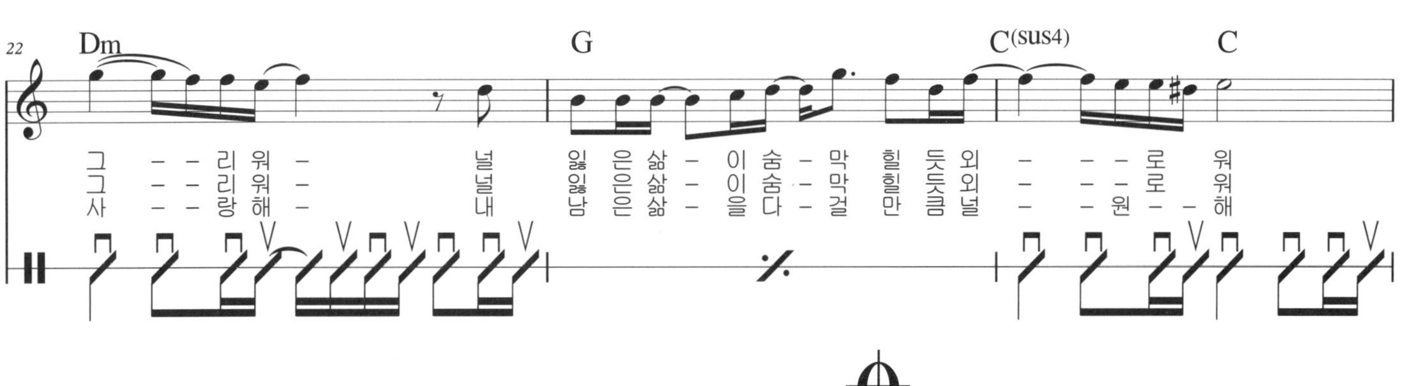

22
Dm   G   C(sus4)   C
그 그 － － 리 워 －   널 널   잃 잃 은 은 삶 삶 － 이 숨 숨 － 막 막 힐 힐 듯 듯 큼 외 외 － － － 로 로 워 워
사 － － 랑 해 －   내   남 남 은 은 삶 삶 － 을 다 ＿ 걸 만 널 － － － 원 － － 해

1.
25
Dm   E7   Am   D   Dm
사 랑 하 － 잖 아 －   피 하 － 려 고 하 － 지 마 － －   멀 리 가 도 넌 － 내 안 에 있 － － 잖 아
살 아 가 － 는 게   사 랑 하 는 일 － 보 다 － － 힘 겨

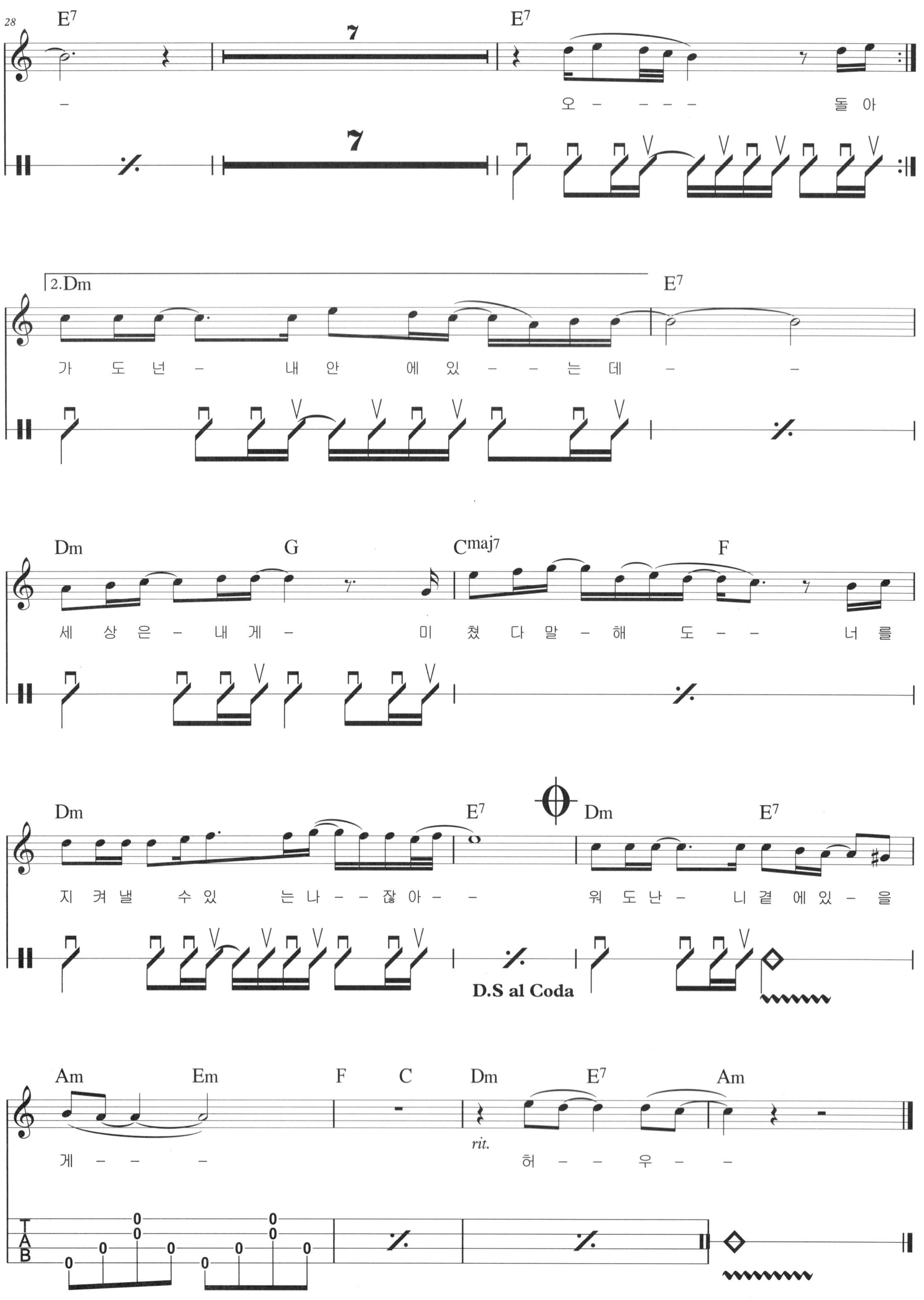

28
E7 · 7 · E7
오 - - - - 돌 아
2.Dm · E7
가 도 넌 - 내 안 에 있 - - 는 데 -
Dm · G · Cmaj7 · F
세 상 은 - 내 게 - 미 쳤 다 말 - 해 도 - - 너 를
Dm · E7 · Dm · E7
지 켜 낼 수 있 는 나 - - 잖 아 - - 워 도 난 - 니 곁 에 있 - 을
D.S al Coda
Am · Em · F · C · Dm · E7 · Am
rit.
게 - - - 허 - - 우 - -

Chord Chart

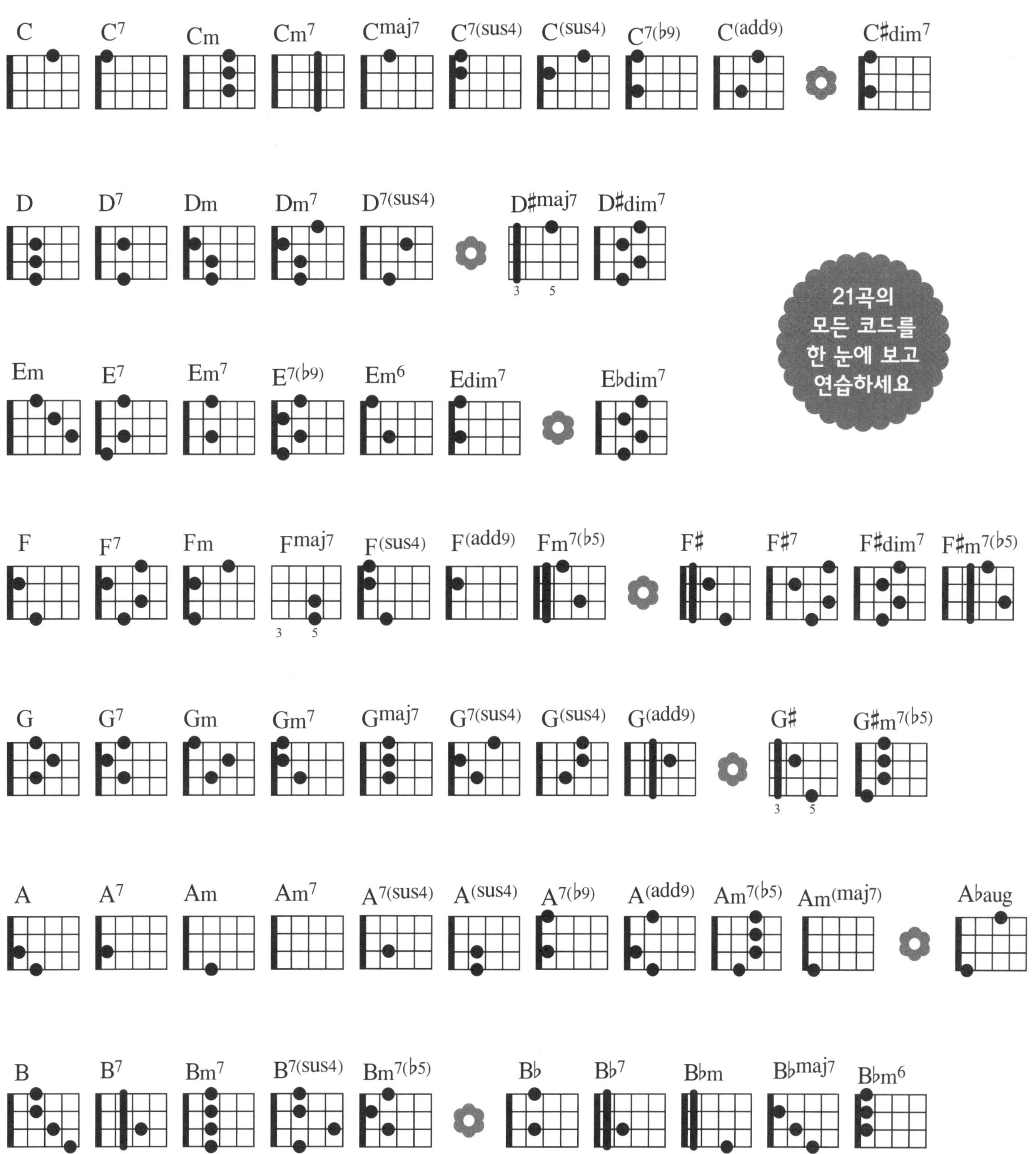

쉽게 반주할 수 있게 도와주는 Chord Chart로
어려운 우쿨렐레를 멋지게 연주 해 보세요.

어려운
우쿨렐레를
내가 자꾸
해냅니다

발 행 일 2016년 7월 30일
편 저 자 이감독(이문기)
편   집 유경아
디 자 인 디자인디도
영   업 현석호
관   리 남영애
발 행 인 최우진
발 행 처 (주) 스코어
등   록 2012년 6월 7일 제313-2012-196호
I S B N 979-11-5780-065-0

주   소 서울시 마포구 동교로 13길 34(121-896)
전   화 02)333-3705
팩   스 02)333-3748

www.allmu.co.kr
www.openhousebooks.com